Barbara Schöning, Nadja Steffen
und Kerstin Röhrs

# Hilfe, mein Hund jagt

## Jagdverhalten in die richtigen Bahnen lenken

KOSMOS

# Zu diesem Buch

Es gibt Hunde, die ohne Leine schnurstracks an Rehen, Hühnern oder Kaninchen vorbeigehen, ohne mit der Wimper zu zucken, ja, die noch nicht einmal Interesse zeigen, wenn diese vor ihrer Nase hakenschlagend das Weite suchen. Doch leider ist es nicht bei allen so.

In den letzten Jahren sind viele Bücher mit Tipps und Anleitungen zur Hundeausbildung, Vermeidung von Problemen und mit den Lösungsansätzen für vorhandene „Probleme“ erschienen. Auch Bücher, die sich mit „Jagdproblemen“, also unerwünschtem Jagdverhalten, beschäftigen. Warum also dieses Buch? Wir wollen versuchen, Hundebesitzern mit einem „Jagdproblem“ verschiedene Lösungsansätze zu bieten. Wir wollen helfen, herauszufinden, welcher Weg für den individuellen Hund, seinen Besitzer und die jeweilige Lebenssituation am Erfolg versprechendsten ist. Außerdem soll aufgezeigt werden, woran bisherige Trainingsansätze gescheitert sein könnten. Sind einzelne Trainingsschritte lange und konsequent genug durchgeführt worden? Scheiterte die erfolgreiche Umsetzung an unrealistischen Ansprüchen? Wir können „das Rad nicht neu erfinden“. Aber wir wollen durch Vermittlung von Grundlagen im Bereich Lernverhalten, Aufzeigen von Vor- und Nachteilen verschiedener Trainingsansätze und übungsbegleitende Fehleranalyse erreichen, dass Sie Ihr Jagdproblem möglichst in den Griff bekommen. Ein weiterer wichtiger Aspekt ist die Prophylaxe. Was kann ich tun, damit mein Hund gar nicht erst ein Jagdproblem entwickelt? Die folgenden Kapitel sollen Ihnen dabei helfen.

# Vorbeugende Maßnahmen

# Der Hund als Jagdhelfer

Hunde leben schon seit Jahrtausenden mit uns Menschen zusammen. Während sie in der heutigen Zeit Bett und Sofa mit uns teilen, wurden sie bis vor Kurzem als „Arbeitstier" eingesetzt, zum Jagen, Hüten und Bewachen.

## Wie der Wolf zum Hund wurde

Der Hund ist das älteste Haustier des Menschen. Es gibt eine Reihe von prähistorischen Grabstätten (die älteste ist ca. 15.000 Jahre alt), in denen Menschen mit Hunden bestattet wurden. Die Art und Weise der Bestattung legt den Schluss nahe, dass hier zwischen Mensch und Hund eine enge Bindung bestanden haben muss. Spätestens vom Zeitpunkt dieser Grabfunde an redet man nicht mehr vom Wolf, sondern vom Hund; auch wenn der Hund zu dieser Zeit vom Äußeren her vermutlich nicht mit unseren heutigen Hunden vergleichbar gewesen ist. Domestikation ist der Fachausdruck für die Entstehung einer Haustierart aus einer wilden Tierart. Sie ergibt sich durch die menschliche Auslese, da nur mit den kooperativsten Individuen weitergezüchtet wurde.

## Warum der Wolf zum Haustier wurde

Wieso der Mensch begann, den Wolf zu domestizieren, ist unklar. Hier gibt es viele Vermutungen und keine konnte bislang eindeutig bewiesen werden. Einige Wissenschaftler meinen, dass schon der prähistorische Mensch eine angeborene Veranlagung hatte, Haustiere zu halten. Andere meinen, dass sich die Domestikation aufgrund von Vorteilen für beide Arten entwickelt habe: Der Wolf fand in der Nähe von Menschengruppen Nahrungsreste, Menschen nutzten den Wolf als Jagdhelfer, und schließlich half man sich bei der Warnung vor und Bekämpfung von gemeinsamen Feinden. Letztendlich haben Wölfe und frühe Hunde sicherlich auch eine Nahrungsquelle für Menschen dargestellt (und tun es in einigen Kulturkreisen auch heute noch). Bestimmte Wolfsgruppen haben sich dem prähistorischen Menschen aus den genannten Gründen angeschlossen, es muss aber auch bei ihnen schon eine angeborene Veranlagung vorhanden gewesen sein, über längere Zeit beim Menschen zu bleiben.

## Einsatzgebiete des Hundes

Hunde wurden früher als Hütehunde, Treibhunde, zum Lastenziehen, als Wachhunde oder während der Jagd eingesetzt und zu diesem Zweck gezielt gezüchtet. Auch sogenannte „Schoßhunde“ wurden schon früh herausgeformt. Die unterschiedlichen Hunderassen entstanden, weil man zunächst auf Funktionalität züchtete und den Gebrauchswert der Tiere im Auge hatte.

## Gemeinsam zur Jagd

Bei der Jagd setzt der Mensch den Hund schon seit sehr langer Zeit zu seinem Nutzen ein. Die Art und Weise der Jagdhilfe ist dabei sehr unterschiedlich: Hunde werden zur Arbeit vor dem Schuss (Aufspüren und Stellen von Wild) und nach dem Schuss (Apportieren, Nachsuche von verletztem Wild) eingesetzt. Bei der Parforcejagd zu Pferd hetzt eine Hundemeute das Wild über weite Strecken. Auf den spanischen Inseln gibt es Hunde, die dem Jäger lebendige Kaninchen bringen. Allen Jagdhundrassen gemein ist, dass die züchterische Auslese verschiedene Elemente des natürlichen, also vom Wolf mitgebrachten Jagdverhaltens besonders betont. Der jagdlich ausgebildete Hund zeigt dann Elemente natürlichen Jagdverhaltens, dessen Ausführung durch die Ausbildung kontrolliert und nur „auf Kommando“ gezeigt wird.

*Der Wolf, Stammvater aller Hunderassen. Die Jagd ist und war für ihn lebensnotwendig.*

# Jagdverhalten

Jagdverhalten gehört zum normalen Hundeverhalten. Es dient der Nahrungsbeschaffung und ist damit ein Verhaltenskomplex, der für den Wolf überlebensnotwendig ist. Deshalb sind alle Elemente aus dem Bereich Jagdverhalten relativ eng genetisch fixiert, d.h., sie sind angeboren, müssen also nicht komplett erlernt werden. Das gilt für Jagdhundrassen übrigens genauso, wie auch für Nicht-Jagdhundrassen.

## Verhaltenselemente

Jagdverhalten besteht aus verschiedenen Verhaltenselementen. Die Fähigkeit, diese Verhaltenselemente zu zeigen, ist auch unseren Hunden angeboren. Dazu gehören: Suchen/Nachfolgen, Erstarren (beim Aufspüren), Fixieren, Lauern, Anschleichen, Hetzen, Angreifen/Packen, Töten/Wegtragen/eventuell Fressen am Ort des Beutemachens.

Jagdverhalten kann unabhängig vom Zustand „Hunger“ auftreten. Der Anblick von etwas Jagdbarem, möglichst in schneller Bewegung, ist häufigster Auslöser. Sehr viele Hunde reagieren auch auf bestimmte Geräusche oder Gerüche, indem sie sofort eine hohe Erregungslage und entsprechendes Suchverhalten nach dem Ursprung des Geräusches oder Geruches zeigen. Schon durchlaufene Lernerfahrungen (z.B. Jagderfolge) spielen hierbei eine große Rolle.

## Unerwünschtes Jagdverhalten als Problemverhalten

Wie schon gesagt, gehört Jagdverhalten zum normalen Verhaltensrepertoire, und die Fähigkeit, verschiedene Elemente aus dem Jagdverhalten zu zeigen, ist unseren Hunden angeboren. Das Ausmaß, mit dem ein bestimmter Hund Jagdverhalten zeigt oder nicht zeigt, ist jedoch ganz unterschiedlich. Jeder Hund – unabhängig von seiner Rasse – könnte ein für seinen Besitzer unerwünschtes (problematisches) Jagdverhalten zeigen.

*Ein Besitzer, der auf den Hund achtet, kann ihn in kritischen Situationen eher kontrollieren …*

*… als einer, der ihn achtlos laufen lässt, und von bestimmten Ereignissen überrascht wird.*

Durch züchterische Einflussnahme hat der Mensch das Ausmaß oder die Wahrscheinlichkeit des Auftretens von Jagdverhalten beeinflusst. Die Wahrscheinlichkeit, dass ein solches Verhalten in einer für den Besitzer problematischen Ausprägung auftritt, ist bei Vertretern der verschiedenen Jagdhundrassen höher als bei Nicht-Jagdhundrassen. Dazu gehören neben den „typischen" Jagdhundrassen auch einige Rassen, an die man, je nach eigenem Kulturkreis, nicht sofort denkt: spanische und afrikanische Windhunde oder verschiedene Terrier, die man eigentlich eher in die Kategorie „Schoßhunde" stecken würde.

Ob ein Verhalten für einen Hundehalter ein „Problemverhalten" darstellt, hängt gerade im Bereich Jagdverhalten nicht nur vom Ausmaß des gezeigten Verhaltens ab, sondern auch von dem „Objekt der Begierde". Ein Hund, der beim Spazierengehen jedem herabfallenden Blatt nachjagt, stellt für den Besitzer zunächst kein Problem dar. Ein Hund, der jedem Jogger oder Fahrradfahrer hinterherrennt und sich nicht zurückrufen lässt, schon.

## Jagdverhalten ist selbstbelohnend

Ein besonderes Charakteristikum von Jagdverhalten ist die Tatsache, dass das Verhalten beziehungsweise Elemente aus diesem Bereich selbstbelohnend sind. Das heißt, dass ein Hund sich beim Verfolgen einer Fährte schon durch das bloße Ausführen dieser Tätigkeit belohnt fühlt – selbst wenn für den Hund am Ende einer Jagd kein Jagderfolg steht. Dieser Tatsache muss bei der Modifikation von Jagdverhalten beim Anti-Jagd-Training Rechnung getragen werden.

# Die Wahl des Hundes

Wehret den Anfängen! Das gilt auch beim Hund. Schon bei der Wahl der Rasse kann man oft beeinflussen, ob der Hund eher jagen wird oder nicht. Wenn Sie einen erwachsenen Hund übernehmen möchten, können Sie sein Jagdverhalten sogar testen.

## Die Auswahl eines erwachsenen Hundes

Sollten Sie dieses Buch lesen, bevor Sie sich einen Hund anschaffen, achten Sie darauf, dass Ihr neuer Hund kein oder nur wenig Interesse an jagdbaren Tieren hat. Dies ist sicherlich die beste und einfachste Möglichkeit, Probleme mit Jagdverhalten zu vermeiden. Haben Sie geplant, einen erwachsenen Hund zu kaufen? Bei einem erwachsenen Hund ist es relativ einfach zu testen, ob und wie er am Jagen interessiert ist. Als Erstes vereinbaren Sie mit dem derzeitigen Besitzer, dass Sie den Hund vor dem Kauf auf sein Jagdverhalten hin testen möchten. Mit einem Test gibt es bei privaten Hundeverkäufern selten ein Problem. Änderungen der Lebensumstände sind ein häufiger Grund, warum sich Privatpersonen von ihrem Hund trennen müssen. Vielen privaten Hundeverkäufern ist daran gelegen, dass ihr Liebling ein gutes Zuhause findet, in dem er bis an sein Lebensende glücklich leben kann. Sollte sich ausgerechnet der Besitzer „Ihres Traumhundes" nicht auf einen Test einlassen, träumen sie einen anderen, einen realistischen Traum. Wenn es wirklich wichtig für Sie ist, dass der Hund nicht jagt, weil Sie z.B. am Waldrand wohnen und der Hund andernfalls nur an der Leine gehen müsste, halten Sie das Risiko so gering wie möglich, sich einen jagenden Hund anzuschaffen. Ihre Lebensqualität sowie die des Hundes könnte ansonsten massiv eingeschränkt werden.

## Der Anti-Jagd-Test

Wie könnte so ein „Antijagd-Test" aussehen? Als erstes suchen Sie sich ein Gebiet, in dem jagdbare Tiere vorkommen.

Das können Wildtiere sein wie zum Beispiel Kaninchen, Rehe und/oder Vögel; das können auch Haustiere sein wie Hauskaninchen oder Hühner. In diesem Fall ist es wichtig, darauf zu achten, dass diese Tiere nicht nur unbeweglich im Käfig sitzen. Bei vielen Hunden löst erst die Bewegung Jagdverhalten aus.
In vielen Städten leben genügend Kaninchen. Sie brauchen für den Test also gar nicht unbedingt auf das Land fahren. In Hamburg zum Beispiel sind bestimmte Wiesen geradezu von ganzen Kaninchenkolonien bevölkert, besonders in Innenstadtnähe.

Haben Sie einen geeigneten Ort für den Test gefunden, nehmen Sie den Hund, den Sie erwägen zu kaufen, und fahren dorthin. Möchte der derzeitige Besitzer des Hundes mitkommen, nehmen Sie ihn mit, in der Regel hat dies keine Auswirkung auf den Test. Laufen die jagdbaren Tiere (z.B. Kaninchen) in dem von Ihnen gewählten Testgebiet frei herum, müssen Sie sicherstellen, dass Sie auch in der Lage sind, Ihren zukünftigen Hund an der Leine zu halten. Unabhängig davon sollten Sie immer einen Sicherheitsabstand zu den Kaninchen einhalten, da bei diesen Tierchen meist

nicht planbar ist, in welche Richtung sie laufen werden. Denken Sie daran, dass durch Ihren Test weder der Hund noch die anderen Tiere zu Schaden kommen dürfen. Tierschutz gilt auch für frei lebende Tiere. Um Rehe zu sehen, muss man in ländliche Gebiete, z.B. in den Wald oder in Feldnähe, fahren. Man kann übrigens Stunden, Tage und Wochen im Wald verbringen, ohne ein Reh zu sehen. Daher fragen Sie vorher jemanden aus dem Gebiet, wann und wo normalerweise Wild steht. Wenn Sie in Erwägung ziehen, zum Testen in einen Wildpark zu fahren, bedenken Sie, dass ein Wildpark nur für manche Hunde geeignet ist. Viele Rehe stehen dort nur herum, gehen ruhigen Schrittes, aber rennen normalerweise nicht los. Im Zweifelsfall kann das bedeuten, dass Sie völlig beglückt aus dem Wildpark kommen, da Ihr Traumhund die Rehe dort keines Blickes gewürdigt hat. Dann zieht der Hund bei Ihnen ein. Sie gehen mit ihm im Wald spazieren, treffen ein Reh, es sieht Sie und läuft weg. Und Ihr Hund? Der läuft hinterher! Der Wildpark gibt häufig nur im „positiven Fall" eine relevante Auskunft über das Jagdverhalten. Nämlich wenn der Hund sich dort sehr für die Tiere interessiert. Die Wahrscheinlichkeit, dass er sich in freier Wildbahn auch für jagdbare Tiere interessiert, ist in diesem Fall sehr groß. Stellen Sie bei dem Test fest, dass er z.B. Rehe jagen würde, brauchen Sie nicht zu überprüfen, ob er auch Kaninchen jagen würde. In der Regel würde er dies tun. Umgekehrt gilt dasselbe. Sollte Ihr zukünftiger Hund allerdings kein Interesse für behaarte Tiere haben, kann es durchaus sein, dass er sich stark für Vögel interessiert. Ist es also von großer Bedeutung für Sie, dass Ihr Hund keine Vögel jagt, z.B. weil Ihre Nachbarn frei laufende Hühner haben, Sie in der Nähe eines Vogelschutzgebiets leben oder, oder, oder, sollten Sie sein Interesse an Vögeln überprüfen (natürlich ebenfalls an der Leine!). Der Vogeltest ist häufig einfacher durchzuführen. Sowohl auf dem Land als auch in der Stadt gibt es meist mehrere Orte, an denen sich Vögel wie Tauben, Enten, Hühner oder Möwen aufhalten. Bei der Testdurchführung halten Sie den Hund selbst an der Leine und beobachten ihn genau. Sie müssen sicher sein, dass er die anderen Tiere auch gesehen hat. Sollten Sie nicht sicher sein, gehen Sie mit angeleintem Hund in Richtung der Tiere. Irgendwann wird er sie sehen. Merken Sie sich sein dann gezeigtes Verhalten. Machen Sie ihn bitte nicht auf die Tiere aufmerksam, sein daraufhin gezeigtes Verhalten wäre dann nicht aussagekräftig.

*Ein mögliches Ziel des Antijagdtrainings: Ein Hund, der sich nicht für Wild interessiert.*

## Mögliche Reaktionen des Hundes

Im Folgenden haben wir häufig gezeigte Reaktionen von Hunden gegenüber Wildtieren aufgeführt. Aufgrund der Reaktion des Hundes kann man auf sein Jagdverhalten schließen. Dieser Test wird immer mit angeleintem Hund durchgeführt. So ist das Risiko, dass eines der Tiere zu Schaden kommt, gering. Hierbei sind natürlich keine 100-prozentigen Aussagen möglich, sondern nur Tendenzen.

» Der Hund hat die anderen Tiere wohl gesehen, aber sich nicht weiter um sie gekümmert:
»» Die Chance, dass dieser Hund nicht jagt, ist relativ groß.

» Der Hund ist ganz starr geworden, hat die Tiere nicht aus den Augen gelassen, ist ihnen jedoch nicht nachgelaufen:
»» Dieser Hund interessiert sich für Wild, wahrscheinlich würde er, wenn er die Chance bekommt, hinterherlaufen.

### *Auf Sicht jagen*

Das Tier wird nur gejagt, wenn der Hund es sieht. Verliert er es aus den Augen oder ist es zu schnell, bricht der Hund seine Jagd ab und kommt zurück.

» Der Hund hat die anderen Tiere gesehen, sich kurz angespannt und ist dann wieder seines Weges gegangen. Als die Tiere losgelaufen sind, hat er wieder interessiert geguckt oder hat angefangen zu ziehen. Oder der Hund hat die anderen Tiere gesehen und hat versucht, dort hinzulaufen:

»» Die Chance, dass dieser Hund hinter Tieren, die er sieht, herläuft, ist groß. Hat der Hund bisher nicht viel Erfahrung mit Wild gehabt, ist es möglich, dass er nicht dabei bleibt, nur auf Sicht zu jagen, sondern anfängt zu stöbern, um Wild aufzuscheuchen.
Hat der Hund bisher häufig die Möglichkeit gehabt, Wild zu sehen beziehungsweise ist auch schon hinterhergelaufen, hat aber nicht angefangen zu stöbern, wird er wahrscheinlich auch in Zukunft nur „auf Sicht“ jagen.

» Der Hund hat die anderen Tiere gesehen, sich kurz angespannt und ist dann wieder seines Weges gegangen. Als die Tiere losgelaufen sind, hat er wieder interessiert geguckt oder hat angefangen zu ziehen. Nachdem die Tiere außer Sichtweite waren, ist er wieder ruhig seines Weges gegangen:

»» Die Chance, dass dieser Hund beim Anblick hinter Tieren herläuft, ist vorhanden. Eventuell dreht er aber nach ein paar Metern wieder ab. Es ist, wie beim vorherigen Punkt, möglich, dass der Hund sein Verhalten noch steigern wird und anfängt, nach Tieren zu stöbern und diese aufzuscheuchen.

» Der Hund hat die anderen Tiere gesehen, war angespannt oder hat angefangen dorthin zu ziehen. Nachdem die Tiere verschwunden waren, hat er intensiv angefangen zu schnüffeln.

Oder der Hund befand sich in der Nähe von Wild, ohne es zu sehen, und hat dann angefangen, aufgeregt zu schnuppern; bei Sichtkontakt versucht er, dorthin zu gelangen:

»» Die Chance ist groß, dass dieser Hund, wenn er Wild riecht, die Spur aufnimmt und versucht, das Wild aufzustöbern. Hat er das Wild gefunden, wird er mit großer Wahrscheinlichkeit hinter ihm herlaufen.

### Sinn des Tests

Warum verweisen wir auf ein Testverfahren vor Kauf des Hundes? Sie werden im weiteren Verlauf des Buches sehen, wie aufwendig es ist, einen jagenden Hund zu kontrollieren. Selbst wenn Sie es schaffen, werden Sie mit einer anderen Aufmerksamkeit im Wald spazieren gehen, als wenn Sie einen Hund haben, der von sich aus nicht jagdlich interessiert ist. Wir haben inzwischen viele Menschen getroffen, die ihre Hunde lieben, sich das Zusammenleben mit ihnen aber völlig anders vorgestellt haben. Menschen, die zum Teil sehr unglücklich sind, da sie die Freizeit, die sie mit dem Hund verbringen wollten, z.B. mit schönen, langen, entspannten Spaziergängen, in der Form nicht nutzen können. Mit diesem und dem folgenden Kapitel möchten wir so manchem Menschen und Hund viel Leid ersparen. Achten Sie vor der Anschaffung eines Hundes darauf, dass Sie und Ihr zukünftiger Hausgenosse in den wichtigsten Eckpunkten zusammenpassen.

*In einem halben Jahr schon können diese niedlichen Welpen ernst zu nehmende Jäger sein.*

## Die Auswahl eines Welpen

Es ist sinnvoll, die Rasse eines Welpen entsprechend den vorhandenen Bedürfnissen auszuwählen und sich vorab klarzumachen, wofür Sie gern einen Hund hätten. Die Chance, mit diesem Hund glücklich zu werden, ist sicherlich größer, als wenn Sie ihn eher nach optischen Gesichtspunkten auswählen. Dabei achten Sie am besten darauf, für welche Aufgabe die entsprechende Rasse gezüchtet wurde. Wenn diese Aufgabe mit den Erwartungen, die Sie an Ihren zukünftigen Hund stellen, übereinstimmt, treffen Sie sicherlich die richtige Wahl.

*Haben Hund und Mensch dieselben Interessen, entstehen keine Konflikte.*

## Die Berufe der Hunde

Früher, als noch fast jeder Hund einen spezifischen Job hatte, haben die Leute ihren Hund entsprechend der Aufgabe, die er erledigen sollte, ausgesucht. Ein Schäfer hat einen Welpen gewählt, dessen Eltern gute Schafhüter waren. Sicherlich wäre kein Schäfer erstaunt oder enttäuscht gewesen, wenn sein Setterwelpe die Schafe nicht ordentlich gehütet hätte. Ebenso wäre sicherlich kein Jäger enttäuscht gewesen, wenn sein Windhund keine ordentliche Schweißsuche machen würde.

Die meisten der über 400 bekannten Hunderassen sind für eine bestimmte Aufgabe oder einen Aufgabenbereich gezüchtet. Viele Hunderassen wurden gezüchtet, um den Menschen bei seiner Berufsausübung zu unterstützen. Die Gruppe der reinen Gesellschaftshunde ist relativ klein, die meisten Vertreter dieser Gruppe gehören kleinen Rassen an. Die anderen Hunderassen sind für Aufgaben wie zum Beispiel das Bewachen von Besitztum, als Helfer für die Jagd oder das Hüten von Haustieren gezüchtet worden. Und genau diese Eigenschaften, die jahrhunderte- und jahrtausendelang gefördert wurden, machen nun das Zusammenleben mit einigen Hunden so schwer. In der Stadt stellen Hunde, die schnell Bellen oder ihren Besitz oder ihr Revier energisch verteidigen, ein großes Problem dar, auf dem Land oder am Stadtrand ist das unkontrollierbare Hetzen von Tieren ein riesiges Problem. Und damit sind wir wieder beim Thema.

## *Welcher Welpe passt zu mir?*

Stellen Sie sich folgende Fragen:

» Bin ich ein aktiver oder eher ein ruhiger Mensch?
» Beschäftige ich mich gern viel mit einem Hund oder sollte der Auslauf eigentlich genügen?
» Möchte ich mich auch beim Auslauf mit meinem Hund beschäftigen, oder reicht es mir, wenn mein Hund mich einfach nur begleitet?
» Brauche ich einen Familienhund, der eher nebenherläuft?
» Brauche ich einen Hund, der mit unterschiedlichen Personen spazieren geht und Ihnen gehorchen soll, oder werde ich seine Hauptbezugsperson sein?
» Welche Tierart lebt unmittelbar in meiner Umgebung? Z.B. Kaninchen, Rehe, Wasservögel oder Wildschweine?
» Wohne ich direkt am Wald oder Feld?
» Falls ich in der Stadt wohne: Gibt es dort auch Tiere, z.B. Wasservögel oder Kaninchen?
» Gibt es große eingezäunte Hundeausläufe in meiner Nähe?
» Welche anderen Haustiere leben bei mir?
» Wird mein Hund viele fremde Hunde beim Spaziergang treffen? (Hunde, die in Gruppen jagen, sind in der Regel unproblematisch mit anderen Hunden).

Beantworten Sie sich selbst diese Fragen. Lesen Sie dieses Kapitel aufmerksam. Es sollte Ihnen bei der Entscheidung helfen, aus einer der aufgeführten Gruppen einen Hund zu wählen beziehungsweise besser nicht zu wählen.
Oder haben Sie schon eine Rasse im Kopf? Lesen Sie, ob die Aufgabe, für die Ihre Rasse gezüchtet wurde, mit Ihrer jetzigen Lebenssituation einhergehen kann. Ihre Rasse ist nicht aufgeführt? Macht nichts; lesen Sie in einem Rassebuch, zu welcher Gruppe sie gehört, und schauen Sie hier noch einmal unter der entsprechenden Gruppe nach.
Bedenken Sie, dass ein Familienhund mit Jagdhundrasse-Zugehörigkeit in der Stadt durchaus glücklicher sein kann als auf dem Land. Z.B. wenn in der Stadt große, wildfreie Wiesen zur Verfügung stehen oder Hundeauslaufflächen in Wäldern zur Verfügung stehen, die kein Reh- oder Niederwild beherbergen.

## Leidenschaft entwickeln

Letztendlich kann fast jeder Hund unabhängig von der Rassezugehörigkeit eine Leidenschaft für das Hetzen von anderen Tieren entwickeln. Abhängig von der Rassezugehörigkeit ist die Hetzleidenschaft jedoch mehr oder weniger entwickelt. Außerdem lassen sich einige Rassen, in der Regel die, die schon lange eng mit dem Menschen bei der Jagd oder auch beim Hüten zusammenarbeiten, leichter kontrollieren beziehungsweise lässt sich ihr Jagdverhalten leichter in kontrollierbare Bahnen lenken.

## Jagd- und Hütehunde

Wir nehmen im Folgenden Bezug auf Rassen, deren Vertreter wir häufig als Familienhunde sehen, die ihren Ursprung aber als Jagd- oder Hütehunde haben. Ach richtig, wir haben bisher nicht erwähnt, dass das Hüten durchaus etwas mit Jagen zu tun hat. Aus bestimmten Teilbereichen der Jagd, zum Beispiel dem Zusammentreiben von Tieren oder auch genau dem Gegenteil, dem Absprengen von Einzeltieren, hat sich das Hüteverhalten, das der Schäfer nutzt, entwickelt. Daher kommt es häufig vor, dass Besitzer von Hütehunden mit der Jagdproblematik konfrontiert werden, obwohl sie gar nicht damit gerechnet haben.
Dieser Abschnitt hat nicht den Anspruch, dem Leser vollständig und im Speziellen die Aufgaben bestimmter Rassegruppen, z.B. der Jagdhunde, zu erklären, sondern er will den Zusammenhang zwischen Aufgabenbereich des Hundes bei der Arbeit und der Problematik beim Freilauf in Wald und Feld darstellen. Bestimmte Rassen werden mehrfach genannt, wenn sie für verschiedene Zwecke gezüchtet wurden.

*Beim Hüten zeigt der Hund Verhaltenssequenzen aus der Jagd, zum Beispiel das Zusammentreiben von Tieren.*

## Erdhunde

Z.B. Dackel, Cairn Terrier, West Highland White Terrier, Jack Russell Terrier, Parson Russell Terrier, Foxterrier, Deutscher Jagdterrier:

» Die ursprüngliche Aufgabe der niederläufigen Erdhunde ist, nachdem sie in einen Bau eingedrungen sind, das dort lebende Tier, vorwiegend Fuchs oder Dachs, nach draußen zu treiben. Am Ausgang des Baus stand der Jäger bereit, um das Tier zu fangen oder zu erlegen. Oder die Hunde sollten das Tier im Bau in eine Nische drängen und stellen. Dabei sollten sie lang anhaltend bellen, bis sie vom Jäger freigegraben wurden. Diese Hunde müssen furchtlos sein, da ihre Gegner sehr wehrhaft und auch oft größer als sie selbst sind. Sie erledigen ihre Arbeit, ohne dass der Mensch ihnen Hilfestellungen oder Kommandos gibt, d.h. sie arbeiten selbstständig. Die niederläufigen Tiere werden häufig direkt in den Bau gesetzt, während die hochläufigen in der Lage sind, z.B. einer Foxhound-Meute zu folgen.

» Bedeutung für den Freilauf Viele dieser Hunde lieben Bauten und verschwinden gern darin. Dabei bringen sie nicht unbedingt die Bereitschaft mit, auf den Menschen zu achten beziehungsweise seinen Kommandos zu folgen, da bei der Zucht auf selbstständige, forsche, unerschrockene Arbeitsweise Wert gelegt wurde. Dies kann für das gejagte Tier dramatische Konsequenzen haben. Außerdem können diese Hunde, besonders die hochläufigen, sehr ausdauernd sein, obwohl sie alle nicht sehr groß sind. Sollten Sie mit dem Gedanken spielen, sich einen Hund einer kleinen Rasse anzuschaffen, weil Sie denken, dass dieser nicht so viel Auslauf oder Beschäftigung braucht, liegen Sie bei diesen Hunden sicherlich falsch, denn sie haben eine enorme Energie.

*Wer sich für einen Hund einer Rasse mit Jagdleidenschaft entscheidet, aber erwartet, dass dieser Hund dieses Verhalten nicht zeigt, sollte sich besser keinen Hund anschaffen!*

*Der Beagle: Im Haus ein echtes Kuscheltier, draußen meist jedoch sehr unabhängig.*

## Laufhunde

Z.B. Bracke, Beagle, Basset

» Die ursprüngliche Aufgabe ist, ein Gebiet selbstständig zu durchsuchen, Fährte aufzunehmen und das Wild, z.B. Fuchs, Hase, Kaninchen, aufzustöbern und auch lautstark zu hetzen. Der Hund zeigt somit an, wo sich Wild befindet, und der Jäger folgt ihm!

» Bedeutung für den Freilauf Die Hunde lieben es, ihre Nase einzusetzen und Spuren oder Fährten aufzustöbern; dies können sie natürlich am besten jenseits von Wegen. Einer frischen Spur folgen sie häufig lautstark, genauso gern wie dem Wild. Durch die selbstständige Arbeitsweise und dadurch, dass sie von jeher daran gewöhnt sind, dass sie die Richtung vorgeben, ist die An- oder Abwesenheit des Besitzers erst einmal nicht so wichtig. Die Hunde verhalten sich im Wald und Feld häufig völlig unabhängig und sind sehr schwer zu beeinflussen. Dies kann für den Hundehalter bedeuten, dass er häufig allein spazieren geht, wenn er nicht von Anfang an sehr intensiv mit seinem Hund trainiert.

## Stöberhunde

Z.B. Cocker Spaniel, Springer Spaniel

» Die ursprüngliche Aufgabe ist, ein Dickicht planmäßig und selbstständig zu durchsuchen, Fährten aufzunehmen und das Wild, z.B. Fuchs, Hase, Kaninchen oder Enten, dem am Rand des Dickichts wartenden Jäger zuzutreiben. Dabei kommt es auch in gewünschter Weise zum Hetzen des Tieres. In Höhe des Jägers wird der Hund abgepfiffen und der Jäger schießt das Wild. Das Stöbern in Schilfgürteln verläuft ähnlich: Dort werden die Tiere, z.B. Enten, aus dem Schilf getrieben. Die Hunde werden anschließend sowohl im Wald als auch im Wasser vielfach zum Bringen des geschossenen Tieres genutzt.

» Bedeutung für den Freilauf Die Hunde lieben es, ihre Nase einzusetzen und Spuren oder Fährten aufzustöbern. Dies können sie natürlich am besten jenseits von Wegen. Überhaupt hat man manchmal das Gefühl, dass die Nase am Boden festklebt, sobald der Hund das Haus verlässt. Einer Spur folgt er intensiv, und oft ist er erfolgreich und stößt auf Wild. Durch die selbstständige Arbeitsweise verhalten sich diese Hunde häufig unabhängig in Wald und Feld. Der Besitzer hat oft den Eindruck, dass ihr Hund, wenn er schnüffelt, gar nicht auf ihn achtet. Aber meist bleibt er im weiteren Umkreis zu seinem Besitzer, auch wenn er teilweise einen sehr großen Radius hat und nicht immer zu sehen ist. Dieser Radius ist gut beeinflussbar, wenn man schon mit dem Welpen anfängt, zu trainieren, dass er sich nur innerhalb eines kleinen Radius aufhalten soll. Des Weiteren zeigen diese Rassen, die viel am Wasser eingesetzt werden, eine wahre Wasserleidenschaft. Sie kann so weit gehen, dass die Hunde in Nähe von Wasser nur sehr schwer zu kontrollieren sind beziehungsweise erst wieder zu kontrollieren sind, nachdem sie freiwillig das Wasser wieder verlassen haben.

*Der Springerspaniel: Ein echter Stöberer, Gerüche sind sein Leben.*

## Vorstehhunde

Z.B. Setter, Münsterländer, Weimaraner, Magyar Vizsla, Deutsch Drahthaar

» Eine der Aufgaben dieser Hunde ist es, den Wald mit Unterwuchs im Bereich der Schussweite (20–30 Meter) des Jägers zu durchsuchen. Ursprünglich wurden die Vorstehhunde überwiegend bei der Jagd von Vögeln eingesetzt. Der Jäger leitet den Hund bei seiner Arbeit, zumindest zu Beginn seiner Jagdhundkarriere. Findet er Wild, soll er von allein stehen bleiben und in Richtung des Wildes weisen (vorstehen).

*Die typische Pose eines Vorstehhundes, der auf Wild hinweist.*

*Der Retriever beim Apportieren. Statt eines geschossenen Vogels trägt er einen Dummy.*

Inzwischen wird diese Gruppe sehr vielfältig eingesetzt, sodass auch häufig das Bringen des geschossenen Wildes zu ihren Aufgaben gehört. Weitere Aufgaben können das Stöbern sowie die Schweißsuche (die Suche nach angeschossenem, flüchtigem Wild) sein.

» Bedeutung für den Freilauf Auch diese Hunde lieben es, ihre Nase einzusetzen und Wild aufzuspüren. Je nach ursprünglichem Einsatzbereich jagen sie mit hoher Nase. Da sie schon immer eng mit dem Menschen zusammengearbeitet haben, ist es häufig leichter, ihre Aufmerksamkeit zu bekommen, als bei den selbstständig jagenden Rassen. Haben sie erstmals direkten Wildkontakt, endet dieser nicht immer dramatisch für das Wild (Ausnahmen treten eher bei den Rassen auf, deren Aufgabe auch das Stellen und Töten ist).

## Apportierhunde

Z.B. Labrador Retriever, Golden Retriever

» Die vornehmliche Aufgabe dieser Hunde ist die Arbeit nach dem Schuss, d.h. diese Hunde sollen nicht aufstöbern oder hetzen.

Sie sind dazu da, das geschossene Wild, vornehmlich Wasserwild, zu bringen.

» Bedeutung für den Freilauf Wie bei den Stöberhunden genannt, kann es auch hier von Nachteil sein, wenn ein Hund stark wasserliebend ist. Manche Retriever rennen schon los, wenn sie das Wasser nur riechen, und sind dann für den einen oder anderen Hundebesitzer erst einmal nicht kontrollierbar. Dieses Verhalten kann man im Gegensatz zum Hetzen aber relativ gut in den Griff bekommen.

Die Apportierhunde tragen in der Regel gern etwas im Fang. Bei einigen Vertretern können dies riesige Baumstämme sein, die mit viel Stolz durch die Gegend getragen werden. Das Bringen und Tragen von Gegenständen, das schon genetisch bedingt einen hohen Stellenwert besitzt, ist ein Vorteil, denn es kann gut als Belohnung für erwünschtes Verhalten (z.B. Nicht-Hetzen) eingesetzt werden. Wenn Sie einem Apportierhund, besonders einem Welpen, immer dann, wenn er Wild sieht, einen Dummy anbieten, wird er sehr schnell den Zusammenhang zwischen dem Sehen von Wild und dem Dummytragen herstellen können. Steht diese Verknüpfung und trägt er seinen Dummy gern, ist er meist glücklich mit seinem Dummy und kümmert sich nicht um Wild.

## Windhunde

Z.B. Saluki, Sloughi, Afghane, Barsoi, Podenco, Irischer Wolfshund

» Ihre ursprüngiche Aufgabe ist, auf Sicht zu jagen. Sie sind Jagdhunde, die sich beim Anblick oder auf Gehör von Wild in Bewegung setzen und die Tiere selbstständig hetzen. Kleine Tiere (Kaninchen) wurden häufig nach dem Fangen (je nach Rasse, z.B. Podenco) lebendig apportiert, größere Tiere (Hirsche, Gazellen) wurden gerissen und gehalten oder gerissen und getötet.

*Windhunde können auch gut gehorchen. Wichtig ist, den richtigen Motivatior zu finden.*

» Bedeutung für den Freilauf Windhunde, die in ihrer Vergangenheit als Jagdhunde (z.B. importierte erwachsene Podencos!) oder als Rennhunde (z.B. importierte erwachsene englische Windhunde) eingesetzt wurden, sollte man nur sehr vorsichtig von der Leine lassen. Der Anblick eines kleinen Tieres, z.B. eines Dackels in der Ferne, kann schnelle Annäherung auslösen. Wenn der Dackel dann erschrickt und durch den heranstürmenden großen Hund wegrennt, kann es zum Hetzen kommen. Manchmal sind Nase und Augen des Windhundes nicht schneller als er selbst, das heißt, er erkennt zu spät, dass es sich um einen Hund handelt, und es kommt zum tragischen Unglück. Dies passiert in der Regel nicht, wenn der „Berufswindhund" zunächst Kontakt mit dem kleinen Hund hatte und dieser erst dann schnell läuft.
Diese Hunde jagen auf Sicht und sie nehmen Tiere auf große Entfernung war. Für Sie als Besitzer erfordert das eine gewisse Weitsicht. Windhunde, die schon gehetzt haben, gehen häufig dazu über, sich ihre Beute durchaus auch selbst mit der Nase zu suchen. Die Konsequenz daraus ist, dass sie sich dann in großer Entfernung zu ihrem Besitzer bewegen. Auch können Windhunde aus dem Stand starten und hetzen. Das kann manchen Besitzer überfordern, denn ebenso wie der Hund müssen Sie als Besitzer in Ihrer Wahrnehmung sehr schnell sein. Wenn Windhunde angefangen haben zu hetzen, wird es sicherlich schwierig sein, sie über Kommandos zu kontrollieren, da sie bei der Jagd nicht gewohnt sind, mit dem Menschen zusammenzuarbeiten. Es ist daher aufwendiger als bei anderen Rassen, ihre Aufmerksamkeit zu bekommen, aber nicht unmöglich. Ein Border-Collie Besitzer, verwöhnt, jederzeit Aufmerksamkeit von seinem Hund einfordern zu können, kann allerdings bei dieser Übung verzweifeln.

**Jagen ist kein Spaß!**
Der Hund läuft in der Regel nicht nur zum Spaß hinter dem Wild her und er will auch nicht nur spielen!

## Hunde mit Raubzeugschärfe

Das sind Hunde aus den oben genannten Gruppen, die auch durchaus wehrhaftes Wild stellen und warten oder töten und warten, bis der Jäger kommt, um das Wild entweder zu töten oder zu bergen: Z. B: Rhodesian Ridgeback, Jagdterrier, Jack Russel Terrier, Dackel, Deutsch Drahthaar, Weimaraner, Irischer Wolfshund, Afghane.

» Ihre Aufgabe ist nicht nur, das Aufspüren, Verfolgen und Hetzen, sondern auch das Stellen oder sogar Töten. Erwähnt ist dies hier, damit Sie als Besitzer nicht zu entsetzt über den möglichen Ausgang einer Hatz sind. Ein Todesfall kann natürlich nicht nur bei den o.g. Rassen passieren. Die Wahrscheinlichkeit eines tödlichen Ausgangs einer erfolgreichen Jagd ist bei diesen Hunden allerdings höher.

*Hütehunde: Auch draußen ist ihnen ein enger Kontakt zum Besitzer wichtig.*

## Hütehunde

Z.B. Border Collie, Briard, Schäferhunde

» Aufgabe dieser Hunde ist, sowohl Tiere auf Kommando zusammenzutreiben, auf sich entfernende Einzeltiere zu achten, als auch einzelne Tiere von der Gruppe zu separieren. Hütehunde sind den ganzen Tag im Einsatz, sie leben bei ihrer Herde und achten zum Teil auch selbstständig darauf, dass sich keine anvertrauten Tiere entfernen.

» Bedeutung für den Freilauf Sind die Hunde nicht ausgelastet, neigen sie dazu, alles Mögliche zusammenzutreiben, z.B. Kinder, Enten, Kühe und andere Weidetiere, die nicht unbedingt Ihnen gehören müssen. Dieses Verhalten stößt bei Ihrer Umwelt nicht immer auf Verständnis! Ein weiteres unangenehmes Verhalten kann bei mangelnder Auslastung auftreten: Dies ist das Jagen von Autos, Traktoren, Fahrrädern usw.

Häufig sind Hütehunde sehr reaktiv, d.h., sie springen sofort auf schnelle Bewegung an. Es kann sich dabei aber auch um Wild oder um einen ängstlich weglaufenden Hund handeln. Hütehunde sind über viele Stunden des Tages sehr aktiv, sie brauchen aber auch Ruhephasen. Sie sollten darauf achten, dass Sie nicht immer auf den Hund reagieren, sobald er sich bewegt, sonst kommt er häufig nicht zur Ruhe. Der Vorteil dieser Hunde ist, dass man sehr gut mit ihnen zusammenarbeiten kann. Es ist recht einfach, ihre Aufmerksamkeit zu erhalten. Diesen Vorteil kann man für weiteres Training nutzen. Ist Ihnen von Anfang an klar, dass dieser Hund auch beim Spaziergang beschäftigt sein will, lässt sich unerwünschtes Jagdverhalten sicherlich vermeiden oder gut kontrollieren.

# Nutzen Sie die Sozialisierungsphase

Sozialpartner sind in der Regel keine Beutetiere für Hunde. Diesen Umstand können Sie nutzen, um zu verhindern, dass Ihr Hund unerwünschtes Jagdverhalten entwickelt. Ein Hund, der während der Sozialisationsphase engen Kontakt zu Tieren einer Art, zum Beispiel zu Katzen, hatte, wird diese als Sozialpartner ansehen.

## Sozialisierung

Die Sozialisierungsphase beginnt mit der 4. Lebenswoche und geht bis ca. zur 12. Lebenswoche. Obwohl Sie einen Hund auch später noch mit anderen Lebewesen sozialisieren können, sollte die Sozialisation während der Sozialisierungsphase stattfinden, da Hunde in dieser Zeit relativ schnell generalisieren. Ganz platt gesagt heißt das, wenn Sie dem Hund während der Sozialisierungsphase den Kontakt zu mindestens fünf verschiedenen Tieren einer Art an mindestens fünf unterschiedlichen Orten ermöglichen, ist die Wahrscheinlichkeit relativ groß, dass er die ganze Tierart als Sozialpartner ansieht. Kontakt bedeutet in diesem Fall soziale Interaktion.

Ein reines Angucken auf Entfernung reicht für dieSozialisierung mit einer anderen Tierart nicht aus.

### Beispiel: Kater Felix

Hat ein Hund während der Sozialisierung nur Kontakt zu einem einzigen Lebewesen einer Art, wird er auch nur dieses als Sozialpartner ansehen.
Als Beispiel nehmen wir einen Hund, der in einer Familie mit dem Kater Felix aufwächst. Außerhalb des eigenen Zuhauses lernt er keine anderen Katzen kennen. In dem Fall ist sehr wahrscheinlich, dass er nur Felix als Sozialpartner ansieht, nicht aber generell Katzen.
Das kann zur Folge haben, dass er in Anwesenheit von Felix ganz entspannt ist,

sich aber bei anderen Katzen anspannt und/oder hinter ihnen herläuft.
Wenn der Hund Felix bisher nur in der Wohnung kennengelernt hat, ist es möglich, dass er sich außerhalb der Wohnung ganz anders gegenüber Felix verhält. Er könnte ihn sogar im Garten oder auf der Straße jagen.
Genauso ist es möglich, dass ein Hund, der während der Sozialisierung nur schwarze Katzen kennengelernt hat, auch nur schwarze Katzen als seine Sozialpartner ansieht. Die Chance ist groß, dass er weiße oder getigerte Katzen jagen würde.

## Wo sich die Sozialisierung lohnt

Wenn Sie das Risiko gering halten möchten, dass Ihr Hund Jagdverhalten gegenüber einer bestimmten Tierart entwickelt, ist es sinnvoll, ihn mit dieser Tierart zu sozialisieren. Der Aufwand der Sozialisierung lohnt sich in der Regel nur, wenn Ihr Hund in engem Kontakt mit dieser Tierart leben wird. Enger Kontakt bedeutet:

» Sie haben selbst noch andere Haustiere.

» Sie besuchen häufig Freunde, die andere Haustiere haben.

» Ihr Hund wird sich auch auf dem Grundstück der Nachbarn, die andere Haustiere haben, aufhalten.

Sollten Sie nur gelegentlich Freunde besuchen, die ein anderes Haustier haben, lesen Sie weiter bei dem Kapitel „Gewöhnung“ Seite 33.

» Sie haben selbst einen Hof und möchten, dass Ihr Hund nur die eigenen Tiere nicht jagt. In diesem Fall reicht es aus, dass Sie ihn nur mit diesen Tieren sozialisieren. Dann wäre es aber durchaus möglich, dass er die Hühner im Nachbardorf jagt, obwohl er den eigenen noch nie etwas getan hat.

*Beim Antijagdtraining sollte Ihnen das Wohlergehen der Tiere wichtig sein! Besonders Heimtiere können bei zu viel Stress einen Herzschlag bekommen. Daher gilt beim Training: nur mit angeleintem Hund und auf Distanz!*

## Vorbereitung

Bleiben wir beim Beispiel Katzen. Die Sozialisierungsphase dauert von der 4. bis zur 12. Lebenswoche. Während dieser Zeit sollten Sie Ihrem Hund die Gelegenheit geben, unterschiedliche Katzen kennenzulernen. Wie bereits gesagt, ist es wichtig, dass die Katzen ein unterschiedliches Aussehen haben. Besonders unterschiedliche Fellfarben sind wichtig. Achten Sie darauf, dass es mindestens fünf verschiedene Katzen sind. Am einfachsten ist es, wenn die Tiere bei Ihnen im Haushalt leben. Ansonsten besuchen Sie Freunde, die Katzen haben. Lassen Sie Hund und Katze genügend Zeit, um sich aneinander zu gewöhnen.

### Die geeignete Katze

Die Katzen, mit denen Sie die Sozialisierung beginnen, sollten Hunde kennen. Katzen, die keine Hunde gewohnt sind, können sehr gefährlich für die Hunde werden, besonders für unerfahrene, die sich sorglos nähern.
Optimal ist eine wenig ängstliche Katze, die Hunde kennt und nicht besonders an ihnen interessiert ist.

### Erste Begegnung

Zum Übungsbeginn holen Sie sie in den Raum, in dem das Treffen stattfinden soll. Sie können sie in den Raum tragen und auf den Boden setzen oder sie mittels Futter dorthin locken und ihr etwas zu fressen geben. Halten Sie die Katze nicht auf dem Arm, um den Hund an ihr schnuppern zu lassen. Sie könnte sich erschrecken und versuchen wegzuspringen; für Sie kann das sehr schmerzhaft sein. Ist die Katze in dem Raum, kann der Hund hereingeführt werden. Wenn man die Tiere nicht drängt, wird es nach einiger Zeit von allein zum Kontakt kommen. Lassen Sie am Anfang die Tiere nur kontrolliert zusammen. Das heißt, nur wenn Sie auch Zeit haben sich um die Tiere zu kümmern.
Lassen Sie Ihren Welpen zunächst an der Leine. Er soll die Katze erst einmal sehen und eventuell beschnuppern können.

## Durchführung

### 1. Schritt: Reaktion des Welpen

» Wenn Ihr Welpe ruhig an ihr schnuppert und auch ruhig bleibt, wenn sie sich bewegt, machen Sie weiter mit dem 2. Schritt.

» Wenn Ihr Welpe ruhig an der Katze schnuppert und sich auch noch für andere Dinge im Raum interessiert, aber der sich bewegenden Katze hinterherrennt, befestigen Sie eine kurze Schleppleine (siehe Seite 111) an ihm. Die Schleppleine sollte immer an einem Geschirr und nicht am Halsband befestigt werden. Ihr Welpe sollte die Leine, wenn Sie und die Katze in der Nähe sind, auch im Haus tragen. Lassen Sie die Tiere nur kontrolliert zusammen. Immer wenn er hinter der Katze herlaufen möchte, treten Sie auf die Schleppleine und sagen

» Ist Ihr Welpe sehr erregt oder versucht, das Tier zu beißen, oder zeigt der Katze gegenüber wilde Spielaufforderung, lassen Sie nur Sichtkontakt zu. Sie können Hund und Katze gut durch ein Türgitter trennen.

*Vorsichtiger Erstkontakt zwischen Welpe und einer hundeerfahrenen Katze*

gleichzeitig mit ruhiger Stimme „Nein". Versucht Ihr Welpe, ruhigen Kontakt zu der Katze aufzunehmen, lassen Sie dies selbstverständlich zu. Hat er mindestens eine Woche nicht versucht, die Katze zu jagen, können Sie die Schleppleine weglassen und mit dem nächsten Schritt weitermachen.

Die Katze kann das Türgitter normalerweise passieren, während der Hund auf der anderen Seite des Gitters zurückbleibt. Meist legt sich die Aufregung innerhalb weniger Tage. Wichtig ist in dieser Zeit, dass Ihr Welpe das Tier zwar auf Entfernung sieht, es aber nicht jagen kann.

Geben Sie, immer wenn Sie im Haus sind, den Tieren die Möglichkeit, sich zu sehen. Ist Ihr Welpe beim Anblick der Katze nach einigen Tagen entspannt, machen Sie weiter mit Schritt 2. Ist er auch nach einer Woche immer noch aufgeregt, wenn er das Tier sieht, fahren Sie mit Kapitel „Gewöhnung an Haustiere“ Seite 33 fort.

Egal, ob die Tiere sofort miteinander Kontakt aufnehmen oder erst später, seien Sie am Anfang immer dabei, bis Sie einschätzen können, wie sich die Tiere zueinander verhalten. Ihre Geduld ist entscheidend, ob sich ein Miteinander oder ein Nebeneinander zwischen den Tieren ergibt.

*Der Kater geht direkt auf den Welpen zu – der Welpe verhält sich vorsichtig interessiert.*

*Der Kater springt hoch – der Welpe blickt aufmerksam und ist selbst auch auf dem Sprung.*

## 2. Schritt: Zwanglose Begegnung an der Leine

Führen Sie Begegnungen der Tiere miteinander herbei, halten Sie Ihren Welpen dabei für 2–3 Tage an der Leine und drängen Sie keinen der beiden, sich gegenseitig „Hallo“ zu sagen.

Erwarten Sie am Anfang nicht zu viel, ein kurzes Beschnuppern oder ein gegenseitiges Beobachten reicht erst einmal.

Verhält sich der Welpe weiterhin ruhig, entspannt, desinteressiert, freundlich interessiert, ohne hinter dem Tier herzulaufen, können Sie die Leine weglassen. Lassen Sie die Tiere auch jetzt noch nicht unbeaufsichtigt allein, denn es könnte durchaus sein, dass eine plötzliche Flucht den Kleinen zu einer lustigen Jagd animiert oder er für flegelhaftes Verhalten einen Prankenhieb kassiert.

## 3. Schritt: Treffen außer Haus

Organisieren Sie die Übung so, dass sich die Tiere außerhalb des Hauses treffen. Am besten gehen Sie mit Hund und Katze zusammen in den Garten. Ist dies nicht möglich, gehen Sie mit Ihrem Hund hinaus, wenn die Katze schon im Garten ist. Wenn Sie die Katze schon mehrfach im Garten gefüttert haben, ist es sehr wahrscheinlich, dass sie in den Garten geht, wenn Sie es wünschen. Besitzen Sie einen reinen Stubentiger, besuchen Sie Freunde oder Nachbarn, die einen Freigänger haben. Wenn Sie diese Möglichkeit nicht haben, Ihren Welpen jedoch von klein auf dazu erziehen möchten, nicht zu jagen, lesen Sie auf Seite 33 „Gewöhnung" weiter.

*Der Kater steht ruhig und guckt den Welpen an – der Welpe vermeidet den Blickkontakt.*

Beim ersten Zusammentreffen außerhalb des Hauses halten Sie Ihren Welpen wieder an der Leine, so kann er nicht plötzlich auf die Katze zurennen und sie verschrecken.
Möchte Ihr Welpe direkten Kontakt zu der Katze, lassen Sie ihn zu. Wenn sich die Tiere auch draußen ohne Anspannung oder Erregung begegnen, machen Sie mit dem nächsten Schritt weiter.

*Der Kater wollte gehen – der Welpe läuft vor ihn und fordert zum Spiel auf.*

## 4. Schritt: Fremde Katzen

Besuchen Sie Freunde oder Bekannte, die auch eine Katze haben. Beginnen Sie wieder bei Schritt 1.
Denken Sie daran, dass der Hund während der Sozialisationsphase mit 5 unterschiedlichen Katzen an mindestens

5 unterschiedlichen Orten in soziale Interaktion treten sollte, damit die Wahrscheinlichkeit hoch ist, dass er Katzen generell als Sozialpartner ansieht.

## Wenn es nicht klappt

Wenn Ihr Welpe mit Kaninchen oder anderen Fluchttieren sozialisiert werden soll, lassen Sie ihn von Anfang an nicht so mit den Tieren spielen, dass er hinter ihnen herläuft oder sie spielerisch beißt. Zum einen stresst dieses Verhalten die Fluchttiere, zum anderen kann sich mit der Zeit echtes Jagdverhalten entwickeln.

» Möchte eines der Tiere den direkten Kontakt nicht, zum Beispiel weil es ängstlich ist, sollte es die Möglichkeit haben, sich zurückzuziehen beziehungsweise irgendwo hochzuspringen. Drängen Sie keines der Tiere zum Kontakt. Es reicht erst einmal, wenn sich beide Tiere in Ruhe betrachten.

» Sie fangen mit der Sozialisierung erst später an. Ihr Hund ist älter als 14 Wochen.

Ist der Hund älter, kann er auch noch sozialisiert werden. Diese Sozialisierung bezieht sich aber erst einmal auf das einzelne Tier und nicht auf die gesamte Art. Der Moment der Generalisierung tritt erst später ein. Ein Beispiel: Der Hund lernt den schwarzen Kater Felix kennen; nach einigen intensiven Kontakten sieht er ihn als Sozialpartner. Dann lernt er die weiße Katze Miez kennen und sieht sie als Sozialpartner an. Erst wenn er viele – eventuell einige hundert unterschiedliche – Katzen kennengelernt hat, sieht er Katzen allgemein als Sozialpartner an.

» Die Katze betritt den Raum nicht, wenn der Hund da ist.

Geben Sie der Katze Zeit und Rückzugsmöglichkeiten. Sie wird sich von selbst zeigen, wenn sie sich an den Hund gewöhnt hat. Verhindern Sie währenddessen, dass der Hund allein zu der Katze gelangen kann (geschlossene Tür, Türgitter, Rückzugsmöglichkeiten in der Höhe oder Leine, wenn Sie mit der Katze im selben Zimmer sind).

» Züchterische Selektion kann die Ursache dafür sein, dass sich Welpen bei der Sozialisierung unterschiedlich verhalten. Manche Welpen werden sich anfangs aufgeregter bestimmten Tierarten gegenüber verhalten als andere. Ein Beispiel: Bei der Zucht von Jack Russel Terriern wurde unter anderem Wert darauf gelegt, dass sie gute Rattenfänger sind. Daher ist es möglich, dass sich ein Jack Russel-Welpe aufgeregter verhält, wenn er Ratten sieht, als z.B. ein Doggen-Welpe. Bei manchen Rassen kann es daher sehr aufwendig sein, sie mit einer bestimmten Tierart zu sozialisieren, sofern Sie nicht sehr früh damit beginnen.

# Gewöhnung an andere Tiere

Das Gewöhnungstraining führen Sie mit Ihrem Hund bei Tieren durch, die ihm auf der einen Seite nicht als Sozialpartner dienen, auf der anderen Seite aber auch nicht gejagt werden sollen. Das Ziel ist, dass er sie einfach nicht beachtet.

## Sinn und Zweck

Haben Sie oder Ihre Nachbarn Meerschweinchen, die sich überwiegend im Käfig aufhalten, ist es sinnvoll, den Welpen von klein auf an den Anblick dieser Tiere zu gewöhnen. Lernt er, diese Tiere von Kindesbeinen an zu ignorieren, ist die Chance, dass er ihnen gegenüber Jagdverhalten entwickelt, gering.

Denken Sie auch an Ihre kleinen Haustiere. Sie sollten in Anwesenheit des Hundes entspannt sein, d.h. sich ruhig im Käfig bewegen, fressen oder sich putzen. Sind die Tiere verängstigt und rennen wild im Käfig hin und her oder ins Häuschen, bleiben Sie am Anfang auf Abstand, auch wenn Ihr Welpe sich ganz ruhig verhält.

## Vorbereitung

Achten Sie darauf, dass die Tiere sich bei Bedarf zurückziehen können, z.B. in ein Häuschen. Stellen Sie den Käfig erst einmal so, dass der Hund nur von einer Seite an ihn herankommt, z.B. indem Sie ihn in eine Zimmerecke stellen und einen Sessel danebenrücken. Der Hund darf am Anfang nur während des Trainings an den Käfig, sonst ist der Käfig hochgestellt oder die Zimmertür zu!

## Durchführung

Das Prinzip ist Folgendes: Der Hund wird für entspanntes Verhalten gelobt, unerwünschtes Verhalten wie umherspringen, bellen, an der Leine ziehen, am Käfig kratzen usw. ignorieren Sie.
Das hört sich erst einmal sehr einfach an, aber besonders das Ignorieren von Fehlverhalten fällt den meisten Menschen schwer. Sie neigen dazu, mit dem Hund zu schimpfen, oder sie versuchen,

ihn abzulenken, wenn er etwas Unerwünschtes macht. Das Beste in diesem Fall ist jedoch: nicht ansprechen, nicht anfassen und am besten auch nicht hinsehen.
Stellen Sie den Käfig anfangs so auf den Boden, dass man ihn auch durch die geöffnete Tür sehen kann. Zum Trainingsbeginn befinden Sie sich mit dem angeleinten Hund außerhalb des Zimmers.

*Feststellen des richtigen Abstandes: Der Hund soll interessiert aber nicht stark erregt sein, die Hühner sollen entspannt sein.*

## 1. Schritt: Der richtige Abstand

Wählen Sie die größtmögliche Entfernung zum Käfig. Achten Sie jedoch darauf, dass der Hund den Käfig noch sehen kann. Nähern Sie sich nun langsam an. In dem Moment, in dem Ihr Hund anfängt, interessiert zum Tier zu gucken, bleiben Sie stehen. Dies ist der richtige Abstand für die ersten Trainingsschritte. Warum ist der richtige Abstand wichtig? Ist der Abstand zu gering, ist der Hund in der Regel zu aufgeregt, und es dauert sehr lange, bis er sich von selbst abwendet. Ist der Abstand zu groß, trainieren Sie eventuell lange in einem Bereich, in dem es nicht notwendig wäre, zu trainieren.

## 2. Schritt: Abwenden und belohnen

Nun warten Sie nach der Annäherung darauf, dass sich Ihr Hund ruhig abwendet. Genau in der Sekunde, in der er den Kopf wegdreht, sagen Sie sein Belohnungswort und geben ihm ein Leckerli oder spielen mit ihm (siehe Seite 76, Belohnungswort). Wendet er sich nach der Belohnung sofort wieder dem Tier zu, wiederholen Sie die Übung.
Haben Sie einen Hund, der sich schnell abwendet und gern die Belohnung erhält, können Sie die Übung noch einige Male wiederholen, bevor Sie eine Pause machen.

*Es ist nur dann eine Belohnung, wenn der Hund sie als etwas Angenehmes empfindet.*

Während der Pause gehen Sie mit dem Hund aus Sichtweite des Tieres. Die Pause sollte mindestens 5 Minuten dauern. Haben Sie einen Hund, der sich nur zögerlich abwendet und die Belohnung nicht gern nimmt, machen Sie nach der ersten Belohnung schon eine Pause. Wenn Sie merken, dass der Hund sich nach mehreren Wiederholungen schneller abwendet und nach der Belohnung nicht sofort wieder zum Tier schaut, gehen Sie zu Schritt 3 über.

### 3. Schritt: Nicht beachten und Abstand reduzieren

Sie gehen auf den Käfig zu und bleiben in der Anfangsentfernung (Schritt 1) stehen. Sie warten, dass Ihr Hund sich abwendet, und belohnen ihn.

Nach der Belohnung machen Sie einen Schritt zurück vom Käfig weg, die Leine muss dabei locker bleiben. Folgt Ihnen Ihr Hund, ohne dass Sie ihn rufen, sagen Sie das Belohnungswort und geben ihm erneut ein Leckerli. Gehen Sie noch einen Schritt zurück, wenn er wieder folgt, sagen Sie Ihr Belohnungswort und geben ihm ein weiteres Leckerli. Ist er noch immer auf Sie konzentriert, bieten Sie ihm ein Spiel an oder streicheln ihn so, dass er es genießt.

Sollte er sich in dieser Situation oder schon vorher erneut den Tieren im Käfig zuwenden, fangen Sie wieder am Anfang dieses Trainingsschrittes an, indem Sie ihn für das Abwenden belohnen.

Ziel ist es, dass sich Ihr Hund nach der ersten Belohnung mit Ihnen beschäftigt, ohne die Tiere zu beachten.

Sie werden nach einigen Wiederholungen feststellen, dass Ihr Hund in der Anfangsentfernung (Schritt 1) gar nicht mehr zu dem Tier sieht. Dann gehen Sie erneut zu Schritt 1 zurück und durchlaufen die eben beschriebenen Schritte mit einer kürzeren Anfangsentfernung.

*Schritt 3: Der Abstand zu den Hühnern wurde schon stark reduziert.*

*In exakt dem Moment, in dem der Hund den Kopf abwendet, sagen Sie das Belohnungswort.*

Sie wiederholen Schritt 1–3 so lange mit immer geringeren Entfernungen, bis Sie irgendwann direkt vor dem Käfig stehen und der Hund die Tiere nicht beachtet. Dann gehen Sie zum nächsten Schritt über.

## 4. Schritt: Ohne Leine

Sie leinen den Hund ab und gehen zum Käfig. Sind sie dort angekommen und der Hund interessiert sich nicht für die Tiere, belohnen Sie ihn wie in Schritt 3. Interessiert er sich für die Tiere, gehen Sie wortlos aus dem Zimmer und loben ihn, wenn er Ihnen folgt.
Folgt er Ihnen nicht, fangen Sie wieder bei Schritt 1 an und wiederholen Schritt 1–3, bis der Hund unangeleint vor dem Käfig steht und sich nicht für die Tiere interessiert und Ihnen beim Hinausgehen ohne weiteres folgt.

## 5. Schritt: Spielen und belohnen

Sie betreten mit dem unangeleinten Hund den Raum mit dem Käfig. Sofern der Hund sich nicht um die Tiere kümmert, wird er jetzt an unterschiedlichen Stellen im Raum belohnt. Nach der Belohnung warten Sie einen Moment; wenn er sich weiterhin nicht um die Tiere kümmert, streicheln oder spielen Sie mit ihm. Versucht er, zum Käfig zu gehen, gehen Sie aus dem Zimmer und loben ihn, wenn er Ihnen folgt.

## 6. Schritt: Belohnungsabstände vergrößern

Steigern Sie die Zeit zwischen der 1. und 2. Belohnung. Wenn der Hund zwischendurch zum Käfig geht, ignorieren Sie ihn oder gehen aus dem Zimmer. Wenn er sich Ihnen wieder zuwendet, belohnen Sie ihn.

Zwischen der 1. und 2. Belohnung sollten Sie sich so verhalten, als würden Sie nicht gerade Ihren Hund trainieren: Setzen Sie sich hin und lesen, räumen Sie auf, waschen Sie ab. Egal was Sie machen, aber bleiben Sie nicht stehen und starren auf Ihren Hund.
Ist der Zeitraum zwischen der 1. und 2. Belohnung mindestens 10 Minuten, gehen Sie zum nächsten Schritt über.

### 7. Schritt: Zögern Sie die Belohnung hinaus

Sie betreten den Raum und der Hund kümmert sich nicht um den Käfig. Sie geben ihm nun das Belohnungswort zeitverzögert. Sie fangen anfangs mit einigen Sekunden an und steigern sich auf mehrere Minuten Anwesenheit im Raum, bevor Sie ihn loben. Nach der Belohnung lassen Sie wieder einen kurzen Zeitraum verstreichen und belohnen ihn dann wieder (siehe Schritt 5). Nach der letzten Belohnung verlassen Sie das Zimmer zusammen mit dem Hund oder stellen den Käfig hoch.

### 8. Schritt: Variieren Sie Ihre Belohnung

Mal loben Sie ihn einfach, indem Sie nett mit ihm reden, dann, indem Sie ihm ein Leckerli geben, ihn streicheln, massieren oder mit ihm spielen.

*Einen jungen Hund lässt man mit Tieren, die zu Fluchtverhalten neigen, niemals unbeaufsichtigt.*

### 9. Schritt: Nur noch manchmal belohnen

Gehen Sie dazu über, den Hund ab und zu gar nicht zu belohnen. Lassen Sie ihn immer noch nicht allein mit dem Tier im Käfig. Interessiert sich Ihr Hund gar nicht mehr für das Tier, gehen Sie zum nächsten Schritt über.

### 10. Schritt: Zugang zum Käfig

Sie gewähren dem Hund Zugang zum Käfig, auch wenn Sie nicht im selben Raum sind. Zwischendurch sollten Sie mehrmals nach dem Hund und dem Tier sehen. Trotz Trainings sollte der Käfig so stehen, dass der Hund ihn nicht öffnen oder umwerfen kann. Wenn es Ihr Ziel war, dass sich der Hund entspannt mit den Tieren im Käfig in einem Zimmer aufhält, ist dies nun erreicht. Ansonsten weiter mit dem nächsten Schritt.

### 11. Schritt: Der Käfig zieht um

Sie stellen den Käfig an verschiedene Orte: in unterschiedliche Zimmer oder an unterschiedliche Stellen im Garten. Ist der Hund an den Tieren interessiert, wenn sie sich an einem anderen Ort befinden, starten Sie erneut mit Schritt 1 bis 10 an dem neuen Ort. Die Abstände zwischen den einzelnen Schritten werden in der Regel immer kürzer. Ist der Hund gar nicht interessiert, gehen Sie zum nächsten Schritt über.

### 12. Schritt: Direkter Kontakt

Soll der Hund mit dem Tier frei in einem Haushalt leben, nehmen Sie den Hund an die Leine und das Käfiggitter ab. Er darf jetzt vorsichtigen Kontakt aufnehmen, wird aber für das Abwenden belohnt.

Ein Welpe braucht beim direkten Kontakt keinen Maulkorb zu tragen. Wenn Sie Ihren Hund nicht einschätzen können, sollten alle älteren Tiere beim Erstkontakt besser einen Maulkorb tragen. Der Hund sollte aber vorab ein Maulkorbtraining gemacht haben, damit er durch den Maulkorb nicht zusätzlich irritiert ist.

Ist der Hund sehr aufgeregt, besonders wenn das Tier sich bewegt, beginnen Sie wieder bei Schritt 1 bis 9. Der einzige Unterschied zu den genannten Schritten ist, dass das Tier nicht mehr im Käfig ist, sondern frei herumläuft.

### Kontrolle ist besser

Eine erfolgreiche Gewöhnung bedeutet nicht, dass Sie nicht mehr auf Ihre Tiere achten müssen. Beobachten Sie sie immer mal wieder aufmerksam, besonders wenn das Heimtier sich schnell bewegt. Zeigt Ihr Hund dabei Anspannung, ist wieder Training oder Management angesagt, bevor er auf dumme Gedanken kommt.

## Gewöhnung an wild lebende Tiere

### Durchführung

Das Training verläuft nach dem gleichen Prinzip wie unter „Gewöhnung an Haustiere“ beschrieben: Der Hund wird für entspanntes Verhalten gelobt, unerwünschtes Verhalten ignorieren Sie. Der einzige Unterschied zu den zuvor genannten Schritten ist, dass die Tiere nicht im Käfig sind, sondern draußen frei herumlaufen. Achten Sie daher sorgfältig auf den richtigen Abstand. Wie in Schritt 1–3 beschrieben, arbeiten Sie sich langsam vor. Als dichtesten Abstand wählen Sie einen Abstand, bei dem die Wildtiere leicht unruhig werden und schon kurz vor der Flucht sind. Die Tiere dürfen nicht wegflattern, um den Hund nicht womöglich zu sensitivieren. Dann machen Sie weiter mit Schritt 5–8. Damit Ihr Hund generalisiert, ist es notwendig, wie unter Schritt 11 beschrieben, die Orte zu wechseln.

## Wenn es nicht klappt

» Sie rufen den Hund, wenn er zum Tier guckt. Wenn Sie Ihren Hund immer rufen und ihn dann belohnen, trainieren Sie den Rückruf. Sie werden aber nicht erreichen, dass er sich selbstständig abwendet. Besser ist, abzuwarten, bis er wegguckt oder sich komplett abwendet.

» Sie streicheln oder locken den Hund, während er zum Tier guckt, um ihn zu beruhigen. Ein Hund lässt sich nicht wie ein Mensch beruhigen, indem Sie ihn streicheln oder nett mit ihm sprechen, während er unerwünschtes Verhalten zeigt (hier: die Tiere angucken oder hinter ihnen herlaufen). Stattdessen verstärken Sie sein unerwünschtes Verhalten durch das Streicheln und er wird eventuell noch aufgeregter.

» Der Hund ist den Maulkorb nicht gewohnt und er kümmert sich nicht um das Tier. Es kann sein, dass der Hund so

mit dem Maulkorb beschäftigt ist, dass er das Tier überhaupt nicht beachtet. Sie gehen deshalb fälschlicherweise davon aus, dass er dem Tier nichts tun wird, lassen den Maulkorb weg und erleben eventuell eine böse Überraschung.

» Sie schimpfen, schütteln oder rucken den Hund an der Leine, wenn er unerwünschtes Verhalten zeigt. Ignorieren ist hier günstiger, da Sie dabei weniger falsch machen können; außerdem gibt es Möglichkeiten, auch ohne aversive Mittel ans Ziel zu kommen.

Wollen Sie mit aversiven Mitteln, häufig als Bestrafung bezeichnet, arbeiten, müssen Sie bedenken, dass die Strafe immer und so lange erfolgen muss, bis das Fehlverhalten nicht mehr auftritt. Das Timing muss stimmen, und das Strafmaß sollte so bemessen sein, dass das unerwünschte Verhalten daraufhin eingestellt wird (siehe Seite 66 f.). Dies beinhaltet ein gewisses Problempotenzial. Ist ein Hund stark an jagdbaren Tieren interessiert, manipulieren unserer Erfahrung nach viele Hundehalter ihren Hund massiv: Sie schlagen oder schütteln ihn am Nackenfell, sie werfen ihn um oder rucken so an der Leine, dass er durch die Luft fliegt – oder sie nehmen ein Stachelhalsband. All diese Maßnahmen können Schäden oder Schmerzen auslösen.

Erfolgt die Strafe dann auch noch zum falschen Zeitpunkt, leiden in erster Linie der Hund und das Vertrauensverhältnis zwischen ihm und Ihnen. Da er beim falschen Timing die Bestrafung nicht mit dem unerwünschten Verhalten sondern mit Ihnen verknüpft, wird das Jagdverhalten nicht eingestellt.

Ein weiteres Problem könnte sich ergeben, wenn Sie mit Strafe arbeiten. Wie eben genannt verknüpft der Hund häufig die Strafe nicht mit dem Nicht-Jagen im Allgemeinen, sondern nur mit dem Nicht-Jagen-in-Anwesenheit-des-Besitzers. Dadurch wiegen sich einige Hundebesitzer in falscher Sicherheit. Ist der Besitzer einmal nicht anwesend, kann diese Fehlverknüpfung besonders für im Haushalt lebende Kleintiere dramatische Folgen haben. Oft bestehen für diese keine Fluchtmöglichkeiten.

Wollen Sie das riskieren, wenn es auch eine andere Möglichkeit gibt? Zugegeben – sie ist zeitaufwendig, aber sehr effektiv.

» Braucht Ihr Welpe länger als 10 Minuten, um sich abzuwenden, sind Sie sicherlich zu dicht am Tier. Gehen Sie einen Trainingsschritt zurück. Lassen Sie sich nicht dazu verführen, an der Leine zu ziehen oder zu rucken.

» Versucht Ihr Hund häufig zum Käfig zu gehen oder folgt er Ihnen nicht, wenn Sie das Zimmer verlassen (Schritt 5 und 6), haben Sie sich sicherlich zu schnell dem Käfig angenähert (Schritt 1).

» Ihr Hund wendet sich nur kurz ab, aber er will nicht mit Ihnen spielen. Wenn Sie das Training mit einem Welpen starten, ist es sehr wahrscheinlich, dass er recht leicht zum Spielen animiert werden kann. Besonders auf Spielangebote, bei denen ein Spielzeug bewegt wird (rollender Ball, bewegtes Tau), wird der Welpe gern eingehen.

Bei älteren Hunden kann es vorkommen, dass einige nicht mehr gern spielen. Auf das Training hat es keine Auswirkung, da Sie den Hund zur Belohnung streicheln können. Aber achten Sie darauf, dass er es auch genießt. Versuchen Sie in einer entspannten Situation herauszufinden, an welchen Stellen Ihr Hund gern gestreichelt oder massiert wird. Diese Art von Streicheln setzen Sie zur Belohnung ein. Sollte Ihr Hund sich dabei anspannen oder die Tiere fixieren, hören Sie sofort mit dem Streicheln auf.

» Ihr Hund läuft trotz Üben immer wieder zum Käfig/zu den Tieren.

Mögliche Ursachen:

1. Sie haben sich den Tieren zu schnell angenähert.
2. Achten Sie darauf, dass das Timing stimmt. In der Sekunde, in der er den Kopf abwendet, muss Ihr Belohnungswort ertönen und er bekommt ein Leckerli.
3. Ihr Hund spielt nicht gern. Versuchen Sie es mit Streicheln.
4. Sie steigern zu schnell die Zeitspanne zwischen dem ersten und dem zweiten Lob (Schritt 7). Üben Sie am Anfang mit kleineren Zeiteinheiten. Später ist es in der Regel leichter, die Zeit schneller zu steigern.

*Erfolgreiches Training: Der Hund genießt das Streicheln und ist nicht am Huhn interessiert.*

# Vorbeugen beim Junghund

Verfolgen jüngere Hunde (bis ca. zum 6. Lebensmonat) andere Tiere, so geschieht das überwiegend spielerisch. Ein junger Hund rennt gern hinter etwas her, solange es sich bewegt. Das können Blätter im Wind, Jogger, andere Hunde oder auch andere Tiere, zum Beispiel Vögel, sein. Häufig verliert er sein Interesse, wenn sich die Sache oder das Lebewesen nicht mehr bewegt.

## Los! Beweg dich!

Zum Teil versucht der junge Hund aber auch, seinen „Spielpartner" durch Spielverhalten zum erneuten Bewegen zu animieren. Das kann sehr wild aussehen. Dabei kann der Hund um das Tier/den Jogger herumrennen und bellen. Es ist möglich, dass er mit der Schnauze vorstößt oder schnappt. Die Sprünge sind wild und ausgelassen, häufig wird zwischendurch Vorderkörpertiefstellung gezeigt.

## Echtes Jagdverhalten

Ca. ab dem 6. Monat zeigen viele Junghunde echtes Jagdverhalten. Ein Hund, der echtes Jagdverhalten zeigt, hat meist direkt Interesse an dem Tier und nicht nur an der Bewegung.

### *Junghund*

Ein Hund, der älter als 4 Monate ist und die Pubertät noch nicht beendet hat, heißt Junghund.

Im Gegensatz zu den Junghunden unter 6 Monaten ist das Verhalten zielorientiert: Die Motivation ist hierbei eine andere, der Hund versucht ein bestimmtes „Ziel" zu erreichen: Zum Beispiel Vorstehen, Stellen, Packen oder sogar Töten. Verfolgen allein reicht meist nicht aus. Zeigt ein Hund erst einmal richtiges Jagdverhalten, und ist er erregt, wenn er ein Tier sieht, vielleicht sogar, wenn er es nicht sieht, ist das Training meist sehr zeitaufwendig. Hierzu finden Sie Trainingsansätze ab Seite 103.

## Wehret den Anfängen

Dieses Kapitel ist nur für Besitzer von Junghunden, die noch kein echtes Jagdverhalten entwickelt haben und dieses nach Möglichkeit auch nicht entwickeln sollen.

### An die Leine

Achten Sie beim Junghund bzw. Welpen darauf, dass er niemals die Chance bekommt, andere Tiere zu jagen. Dies bedeutet, dass Sie Ihren Hund anleinen, wenn Sie irgendwo Tiere sehen, z.B. Schafe, die Ihr Hund niemals zuvor gesehen hat. Angeleint können Sie nun Ihren Hund wie im Kapitel „Auswahl eines erwachsenen Hundes“ Seite 10 entspannt beobachten und einschätzen, wie hoch die Wahrscheinlichkeit ist, dass er diese Tiere jagen würde. Ist die Wahrscheinlichkeit groß, lassen Sie ihn zunächst an der Leine. Sie warten ruhig, bis er sich von allein abwendet (siehe auch Gewöhnung Seite 33), dann sagen Sie sein Belohnungswort und geben ihm ein Leckerli.

### Auf den Weg

Achten Sie darauf, dass Ihr Hund nicht von Waldwegen ins Unterholz läuft. Zum einen sehen es Förster nicht gern, wenn ein Hund durchs Unterholz rennt, da sich einige Waldbewohner dadurch gestört fühlen können, auch wenn Ihr Hund nicht jagt. Zum anderen stößt ein Hund, der durch das Unterholz rennt, eher auf Wild.

Rennt dieses dann unmittelbar vor ihm davon, kann es sein, dass Jagdverhalten ausgelöst wird, welches ohne eine solche Schlüsselsituation eventuell niemals entstanden wäre.

### Festgelegter Radius

Machen Sie mit Ihrem Hund von Anfang an das Radiustraining wie unten beschrieben. Ein Hund sollte besonders im Wald in Ihrem näheren Umkreis bleiben, zum einen wegen der besseren Kontrollmöglichkeit, zum anderen, damit für andere Menschen, z.B. Jäger, Jogger, erkennbar ist, zu wem der Hund gehört.

## Achte auf mich

### Voraussetzungen

» Suchen Sie sich ein übersichtliches Gebiet. Sie sollten Ihren Hund auf mindestens 100 Meter weit sehen können.
» Es sollten keine Straßen in der Nähe verlaufen.
» Falls Ihr Hund schon ein Wildproblem hat, sollte kein Wild in der Nähe sein.
» Ihr Hund sollte die Möglichkeit haben, auch ohne Leine zu laufen.

Alternativ geht auch eine sehr lange Schleppleine. Aber bedenken Sie, dass eine sehr lange Schleppleine nicht für jeden Hund und jedes Gebiet geeignet ist. Näheres erfahren sie im Kapitel zum Schleppleinentraining ab Seite 112 ff.

### Anschluss gesucht

Sehr junge Hunde können Sie meist ohne viel Risiko von der Leine lassen. Ja, Sie haben richtig gehört, besonders die Jüngsten neigen nicht zum Weglaufen. Ein Junghund unter 6 Monaten wäre in freier Wildbahn ohne seine Gruppe nicht überlebensfähig. Daher achten in der Regel junge Hunde von allein auf ihre Gruppe. Wir Hundebesitzer bringen ihnen meistens erst bei, nicht auf uns zu achten, da wir oft hinter ihnen herlaufen. Spielt er mit anderen Hunden, teilen wir ihm häufig mit, dass wir in der Nähe sind und er sich keine Sorgen machen muss, den Anschluss zu verlieren.

Da wir währenddessen „Lulu, komm hiiiierheeer!“, „Lulu, kommst du jetzt endlich!“, „Lulu, nun ist aber wirklich Schluss!“ rufen, weiß der Hund nicht, was wir von ihm wollen, da er ja den Inhalt der Worte nicht versteht und bestimmte Signale wie „Hier“ häufig noch nicht gelernt hat.

### Der Ruf der Freiheit

Ab dem 6. Lebensmonat, wenn der Junghund weitere Strecken laufen kann, werden viele Hunde deutlich unabhängiger. Daher sollten bis dahin die ersten Übungen ohne Leine längst erledigt sein.

Viele, besonders Ersthundehalter, wollen das erste halbe bis ein Jahr abwarten und dann erst den Hund, wenn er angeblich „vernünftiger“ ist, loslassen. Häufig endet das Experiment damit, dass der ältere Hund, zum ersten Mal nach Monaten frei, einige Runden rennt, bevor er sich wieder einfangen lässt. Die Besitzer haben dabei meist Schweißperlen auf der Stirn und sind verunsichert, viele lassen ihren Hund daraufhin erst recht nicht mehr los. Wenn Sie Ihren Hund von der Welpenphase an in sicherer Umgebung frei laufen lassen, stellt sich häufig dieses Problem nicht.

## Kontrollierter Freilauf

Fangen Sie in einem ruhigen Gebiet ohne viel Ablenkung (ohne andere Hunde) an zu üben.

### 1. Schritt: Richtungswechsel

Sie gehen mit Ihrem Hund im Freilauf spazieren. Läuft Ihr Hund vor Ihnen, drehen Sie wortlos um und gehen in die entgegengesetzte Richtung. Sie dürfen ab und zu nach hinten zu Ihrem Hund schauen, aber Sie dürfen nicht auf ihn warten!

*Eine Wiese, weit ab von jeder Straße, ist ideal, um einem Welpen Freilauf zu gewähren.*

*Beim Hinhocken erscheint man dem Hund weiter entfernt, als man tatsächlich ist, und weniger bedrohlich. Beides kann dazu führen, dass Ihr Hund schneller zu Ihnen kommt.*

Wenn Sie sehen, dass er in die falsche Richtung läuft, rufen Sie ihn mit Namen. Dreht er sich um und folgt Ihnen schnell, sprechen Sie freundlich mit ihm, loben Sie ihn verbal oder streicheln Sie ihn. Ein Leckerli ist in diesem Fall nicht notwendig, da die „Wiedervereinigung" mit Ihnen (seiner Gruppe) Belohnung genug für Ihren Hund ist.

## 2. Schritt: Versteckspiel

Sie gehen spazieren wie zuvor genannt, nur anstatt umzudrehen, verstecken Sie sich.
Wenn Sie sehen, dass Ihr Hund anfängt, Sie zu suchen und dabei hektisch hin und her läuft, treten Sie aus dem Versteck heraus und rufen Sie ihn. Wenn er bei Ihnen ist, loben Sie ihn wie zuvor genannt.

## 3. Schritt: Nicht warten

Bleibt Ihr Hund stehen und schnüffelt, gehen Sie wortlos weiter. Warten Sie nicht immer auf Ihren Hund.

## 4. Schritt: Kontaktaufnahme wird belohnt

Bleibt Ihr Hund von sich aus stehen, dreht sich um und/oder guckt Sie an, belohnen Sie den Hund. Sie können ihn verbal loben, dann sollten Sie aber auch sehen, dass er sich über die Ansprache freut. Besonders ältere Hunde können sich außerhalb ihres Heims für verbales Lob nicht begeistern. In diesem Fall belohnen Sie ihn im Moment des Guckens mit Ihrem Belohnungswort (siehe Seite 76); wenn Ihr Hund daraufhin zu Ihnen kommt, geben Sie ihm das Leckerli.

### 5. Schritt: Auf zu neuen Wegen

Gehen Sie nicht immer denselben Weg, ändern Sie ab und zu die Abzweigungen, die Sie normalerweise benutzen. Wenn Ihr Hund schon von allein abbiegt, weil er den Weg kennt, gehen Sie einfach geradeaus weiter.

### Wenn es nicht klappt

» Sie rufen Ihren Hund immer, nachdem Sie umgedreht sind. Wenn Sie ihn bei jeder Richtungsänderung rufen, wird er Ihnen zwar auch folgen, er wird aber nicht lernen, von sich aus auf Sie zu achten, sondern er verlässt sich darauf, dass Sie Ihre neue Route ankündigen.

» Sie drehen um, trauen sich dann aber nicht, sich mehr als ein paar Meter zu entfernen. Dort warten Sie auf den Hund, dabei rufen Sie ihn. Ihr Hund lernt, dass er nicht auf Sie achten muss, denn immer, wenn Sie sich entfernen, warten Sie auf ihn. Eventuell geben Sie ihm unbeabsichtigt durch Ihr Rufen die Mitteilung: „Ich bin hier! Du brauchst dich nicht sorgen, ich bin noch nicht weg!“ Und das eventuell alle 10 Sekunden – nämlich, wenn Sie ihn alle 10 Sekunden rufen.

» Sie lassen sich von Ihrem Hund suchen, anstatt aus dem Versteck hervorzutreten und ihn zu rufen.

Wenn Sie einen selbstsicheren Hund mit guter Nase haben, wird er, wenn er etwas für ihn Wichtiges macht und Sie nicht sieht (zum Beispiel beim Schnüffeln), keinen Schreck bekommen und Sie suchen, sondern wahrscheinlich erst in Ruhe zu Ende schnüffeln und Sie dann in aller Ruhe suchen.

» Sie warten nicht, bis Ihr Hund sich von selbst umdreht, sondern Sie rufen ihn stattdessen. Ihr Hund wird so nicht die Verknüpfung bekommen, dass es sich lohnt, sich von allein umzudrehen.

» Sie gehen immer nur dieselben Wege. Ihr Hund weiß genau, wie die Strecke verläuft, und braucht daher nicht auf Sie zu achten.

» Ihr Hund folgt Ihnen nicht, wenn Sie sich umdrehen.

Wenn Sie ansonsten Ihren Hund frei laufen lassen und ihn nicht verlieren, sind Sie wahrscheinlich nicht weit genug umgedreht oder haben doch auf ihn gewartet. Hunde, die über Monate gewohnt sind, dass man hinter ihnen herläuft, brauchen zum Teil sehr lange (30 Minuten sind keine Seltenheit), bis sie sich von allein aufmachen, um ihren Besitzer zu suchen. In dem Fall entfernen Sie sich ein Stück, verstecken sich und warten, bis Ihr Hund unruhig wird. Er wird es in 98 % der Fälle. Lassen Sie ihn ein bisschen panisch werden, dann treten Sie, ohne dass Ihr Hund Sie sieht, aus Ihrem Versteck und rufen ihn.

» Ihr Hund folgt Ihnen nicht, wenn Sie sich umdrehen. Wenn er frei läuft, läuft er manchmal weg, auch ohne dass er Wild riecht. Oder er lässt sich nicht mehr einfangen. Oder er gehört zu den 2 %, die nicht panisch werden, wenn Sie sich versteckt haben. In diesem Fall lassen Sie Ihren Hund an einer längeren Leine oder Schleppleine. Bleiben Sie ab und zu wortlos stehen und warten Sie. In dem Moment, wo er sich umdreht, verfahren Sie mit dem Belohnungswort wie unter Schritt 4.

» Ihr Hund dreht um, kommt aber nicht so dicht, dass Sie ihn anfassen könnten: Bestärken Sie ihn mit dem Belohnungswort wie bei Schritt 4 (Seite 46) genannt. Eine zweite Möglichkeit wäre, sofort in die entgegengesetzte Richtung zu rennen, sobald sich der Hund umguckt. Er soll sich anstrengen müssen, um Sie zu erreichen. Erst wenn er bei Ihnen ist, stoppen Sie.

» Sie verstärken schon gezielt mit Belohnungswort und Leckerli, doch der Hund kommt trotzdem nicht heran: Überlegen Sie, ob nicht eventuell die Ablenkung am Trainingsort zu groß ist. Üben Sie erst einmal in ablenkungs-

armer Umgebung, aber nicht im Garten. Dort ist der Hund zu Hause und achtet eventuell nicht so auf seinen Besitzer. Manchmal ist auch die Uhrzeit dafür verantwortlich, ob ein und dieselbe Umgebung einmal ablenkungsreich und einmal ablenkungsarm ist, zum Beispiel weil zu einer bestimmten Uhrzeit viele Hunde unterwegs sind oder Wildwechsel stattgefunden hat.

Überlegen Sie, ob Ihre Belohnung für den Hund keine Belohnungsqualität hat. Wenn Streicheln nicht ausreicht, kann ein Leckerli sinnvoll sein. Ist ein trockenes Leckerli uninteressant, kann Wurst oder Käse eventuell helfen. Frisst Ihr Hund nicht gern, kann man statt des Leckerlis auch ein Spielzeug nach dem Belohnungswort werfen.

*Der Hund läuft an langer, lockerer Schleppleine voraus. Der Besitzer dreht sich wortlos um und geht in entgegen gesetzte Richtung. Der Hund folgt, nimmt Blickkontakt auf und wird dafür belohnt.*

*Der Hund läuft an der Schleppleine neben Ihnen her.*

*Eilt er voraus und wird der Radius, den Sie einhalten wollten, überschritten ...*

## Das Radiustraining

Mit dem Radiustraining soll erreicht werden, dass der Hund sich innerhalb eines bestimmten Radius um den Besitzer herum bewegt. Soll der Radius zehn Meter betragen, heißt das, dass sich der Hund innerhalb von 10 m vor, hinter oder neben seinem Besitzer bewegen kann. Gehört Ihr Hund zu einer Rasse, die gern einmal Wild aufstöbert, oder leben Sie in einer wildreichen Gegend, ist es sinnvoll, dass der Hund sich nur in einem engeren Umkreis zu Ihnen aufhält. Damit bleibt er auch in der Nähe des Weges. Andernfalls könnte es schnell dazu kommen, dass Ihr Hund Wild aufscheucht und daraufhin erst auf „den Geschmack" kommt.

Eine wichtige Voraussetzung für das Radiustraining ist, dass der Hund gewöhnt ist, im Freilauf von sich aus auf seinen Besitzer zu achten (siehe Seite 44 ff.).

### 1. Schritt: Umkehr bei Überschreiten

Beim Radiustraining verfahren Sie wie beim Achtsamkeitstraining (siehe Seite 44 ff.). Jetzt drehen Sie aber wortlos um, wenn der Hund für Ihren Geschmack zu weit vorläuft. Zu weit heißt in diesem Fall, weiter als der Radius, den Sie sich für Ihren Hund vorgestellt haben. Möchten Sie z.B., dass Ihr Hund sich in einem 10-m-Radius bewegt, bedeutet das, dass Sie sich immer dann umdrehen und weggehen oder sich verstecken, wenn der Hund diesen Radius verlässt.

*... kehren Sie um und bewegen sich zügig von Ihrem Hund weg.*

*Folgt er Ihnen gleich und nimmt Blickkontakt auf, wird er für sein Verhalten belohnt.*

## 2. Schritt: Blickkontakt wird belohnt

Bleibt der Hund innerhalb des Radius stehen und nimmt Blickkontakt zu Ihnen auf, oder verlangsamt er seinen Schritt, wenn er an den Rand des Radius kommt, sagen Sie sein Belohnungswort. Wenn Ihr Hund daraufhin zu Ihnen kommt, geben Sie ihm sein Leckerli.

## 3. Schritt: Radiustraining mit Leine

Wenn Sie eine Leine benutzen, sollte die Leine länger als Ihr gewünschter Radius sein. Die Leine wird nicht direkt als Hilfsmittel beim Radiustraining verwendet, sondern soll lediglich verhindern, dass sich Ihr Hund zu weit entfernt. Verfahren sie dann genauso wie in Schritt 1 und 2 genannt.

## Wenn es nicht klappt

Sollte es nicht wie gewünscht funktionieren, treffen beim Radiustraining auch die meisten Punkte wie beim Aufmerksamkeitstraining zu (siehe Seite 47 ff.):

» Lassen Sie Ihren Hund Fehler machen. Sagen Sie nichts, räuspern Sie sich auch nicht, wenn der Hund den Radius verlässt. Verfahren Sie in dem Fall wie bei Schritt 1. Das Vorgehen ist mit und ohne Leine gleich.

» Ihr Hund dreht sich niemals von allein um: Bleiben sie einfach einmal stehen und warten Sie. Zeigen Sie Geduld, denn jeder Hund dreht sich irgendwann um, sagen Sie exakt in diesem Moment sein Belohnungswort und geben Sie ihm sein Leckerli.

# Lernbiologie und Lernverhalten

# Ohne Theorie geht es nicht

Hunde lernen nach bestimmten Mechanismen. Man muss diese Lernmechanismen kennen und verstehen, um die Hunde erfolgreich trainieren zu können.

## Lernbiologie

Ein Teilgebiet der Biologie, die Lernbiologie, beschäftigt sich mit der Erforschung von verschiedenen Prozessen, die mit Lernvorgängen in Zusammenhang stehen. Lernen unterliegt bestimmten Gesetzen. Wer erfolgreich lernen (oder lehren) will, muss diese Gesetze kennen und sich daran halten. Bei wiederholten Rückschlägen im Training lohnt es sich, genau zu überlegen, wo sich Fehler eingeschlichen haben könnten. Kenntnisse aus dem Bereich der Lernbiologie sind dabei unerlässlich.

Auch Grundlagenwissen über das Sozialverhalten von Hunden, deren Ausdrucksverhalten und Körpersprache ist wichtig, denn Training bedeutet immer Sozialkontakt und Kommunikation: Der Hund reagiert auf Sie, das heißt, er kommuniziert mit Ihnen und umgekehrt.

### *Was ist Lernen?*

Lernen bedeutet, dass der Organismus über alle seine Sinnesorgane Informationen (= Signale, Stimuli oder Reize als Synonyme) aus seiner Umwelt aufnimmt und sie im Körper (und da hauptsächlich im Gehirn) verarbeitet.
Der eigentliche Prozess des Lernens bedeutet, dass der Organismus sein Verhalten aufgrund der zentralen Verarbeitung dieser Signale ändert beziehungsweise dieses anpasst. Die Tatsache, dass etwas erlernt wurde, lässt sich am Verhalten des Organismus feststellen: Es lässt sich beobachten und messen, ob sich ein Verhalten aufgrund von (Lern-)Erfahrungen ändert oder ob es aufgrund erreichter Erfolge beibehalten wird.

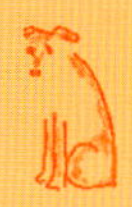

## Warum Lebewesen lernen

Lernen dient immer der Optimierung des eigenen Zustandes (der Steigerung beziehungsweise dem Erhalt der biologischen Fitness). Ein Lernen, um „anderen zu gefallen“ oder „weil man den anderen so mag", ist von der Natur nicht vorgesehen – es sei denn, das Gegenüber zeigt als Reaktion Verhaltensweisen, die dem ersten Individuum wiederum nützlich sind. Z.B. können viele Hunde „Pfötchengeben". Sie tun das nicht, um dem Gegenüber zu sagen, dass sie ihn lieb haben, sondern weil sie gelernt haben, dass sie dadurch besonders viel nette Aufmerksamkeit bekommen.

### Biologische Fitness

Fortpflanzungserfolg eines Individuums bezogen auf die nächstfolgende Generation. Sie stellt ein Maß dar für die gesamte Lebensleistung eines Individuums unter den Bedingungen der natürlichen Selektion. Die Fitnesssteigerung wird als das Hauptziel jedes Individuums gesehen und ist damit den Hauptmotivator für jede einzelne Verhaltensreaktion.

## Wie Hunde lernen

Hunde lernen – wie Menschen auch – hauptsächlich über Assoziation. Das bedeutet, dass verschiedene Ereignisse oder Vorgänge miteinander in Verbindung gebracht werden. Zwei Vorgänge, von denen der eine einen Reiz darstellt und der andere eine Reaktion, werden miteinander gekoppelt. Es wird eine Verbindung, eine Assoziation hergestellt.

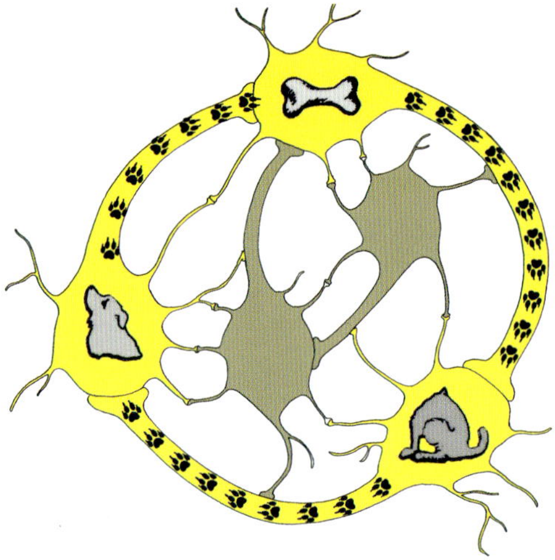

*Nervenverbindungen werden durch häufige „Benutzung" (= Lernerfahrungen) stabilisiert.*

Um die Vorgänge, die im Gehirn dabei ablaufen, besser zu verstehen, soll auf einige neurophysiologische und biologische Grundlagen eingegangen werden:

### Das zentrale Nervensystem

Das Verhalten eines Lebewesens, seine Motorik und Emotionen, werden vom Nervensystem koordiniert. Das Zentralnervensystem (ZNS) setzt sich zusammen aus dem Gehirn und dem Rückenmark. Diese sind quasi die Steuerorgane. Daran schließt sich das periphere Nervensystem an. Über dessen „Leitungen" (Nervenzellen und deren Ausläufer) werden Informationen aus dem ZNS an den restlichen Körper weitergegeben (z.B. Kommando „Kopf heben"), aber auch umgekehrt Rückmeldungen über die Außenwelt ans ZNS geliefert (z.B. „Das Futter schmeckt gut").

## Datenbahnen im Gehirn

Jedes Individuum kommt mit einer festen Anzahl von Nervenzellen im Gehirn auf die Welt. Zu Beginn ist jede Nervenzelle vielleicht mit 5000 anderen über bestimmte Verbindungen (Synapsen) verbunden, dabei sind vielleicht nur 100 dieser Verbindungen funktionstüchtig. Während der weiteren Entwicklung des Gehirns vernetzen sich die Zellen untereinander. Später kann eine einzelne Nervenzelle über mehr als 10.000 funktionstüchtige Synapsen verfügen. Die Quantität nimmt durch Lernvorgänge zu. Auch die Qualität verändert sich: Je häufiger eine bestimmte Nervenverbindung „benutzt" wird, desto stabiler wird sie.

## Beispiel: Verknüpfungen beim „Sitz"

Ein Mensch hält ein Leckerli in der erhobenen Hand über den Kopf eines Hundes. Ein Reiz (Signal: Anblick der Hand mit Leckerli) wird über ein Sinnesorgan (hier: Auge) aufgenommen und über Nervenbahnen ins Gehirn geleitet. Im Gehirn wird der ankommende Reiz weiterverarbeitet; dadurch werden in dem zuständigen Gehirnbereich Nervenzellen erregt (aktiviert).

Der Hund setzt sich hin, um besser nach oben gucken zu können, damit er das Leckerli sieht. Dabei werden ebenfalls die Nervenzellen in dem Hirnbereich für die motorische Aktivität (hier: Hinsetzen) erregt (aktiviert).

*1) Der Hund sieht das Leckerli an: Nervenzellen im Gehirnbereich „Setzen" werden aktiviert.*

*2) Der Hund setzt sich hin: Jetzt sind auch die Nervenzellen im Bereich „Motorik" aktiv.*

*3) Bekommt er jetzt ein Leckerli, lernt er: Hinsetzen beim Anblick einer erhobenen Hand lohnt sich.*

Geschehen diese beiden Vorgänge – Erregung der Nervenzellen im „Sehbereich" und Erregung der Zellen im Bereich „Motorik" – gleichzeitig, kommt es zu einer Stärkung dieser Verbindung zwischen den Nervenzellen dieser Hirnbereiche. Durch häufiges Wiederholen wird diese Verbindung weiter gefestigt. Plastisch dargestellt, könnte man sagen, dass eine Art „Trampelpfad" zwischen den Nervenzellen im optischen und im motorischen Hirnbereich angelegt wird. Wenn der Hund anschließend das Leckerli gereicht bekommt, wird auch noch das „Belohnungszentrum" im Gehirn erregt (aktiviert) und eine weitere Verknüpfung hergestellt, die nötig ist, damit sich wirklich ein belastbares Langzeitgedächtnis ausbildet. Das Ergebnis ist, dass der Hund lernt, dass das Handzeichen „erhobene Hand" mit der Bewegung „Hinsetzen" und einem Leckerli in Verbindung steht. Das Beispiel skizziert damit den grundsätzlichen Aufbau einer Übung – in diesem Fall den Anfang der Sitz-Übung.

## Assoziationszeit, Konditionierung

Die Verknüpfung zweier Ereignisse im Gehirn kann nur erfolgen, wenn die zuständigen Nervenzellen nahezu gleichzeitig erregt sind. Die Assoziationszeit ist die Zeitspanne, in der eine Verbindung zwischen den erregten Nervenzellen hergestellt werden kann. Sie beträgt maximal drei Sekunden. Diese Angaben beziehen sich auf Versuche, die im Labor durchgeführt werden. Im realen Leben gilt: Je schneller (d.h. möglichst gleichzeitig) zwei Ereignisse aufeinander folgen, desto besser. Findet diese Verbindung häufig und regelmäßig statt, wird die Verbindung zunehmend gefestigt. Man spricht von Konditionierung. Ist die Verbindung durch Konditionierung zwischen zwei oder mehreren Ereignissen

*Klassische Konditionierung: Der Hund lernt, beim Ertönen einer Glocke zu speicheln.*

(Reiz/Reaktion) fest im Gehirn verankert, reicht ein Ereignis aus, um das andere zuverlässig zu produzieren: Der optische Reiz (Handzeichen Sitz) löst die Reaktion (Hinsetzen) mehr oder weniger verlässlich aus.

## Formen der Konditionierung

Man unterscheidet zwei Formen der Konditionierung, die „klassische Konditionierung" und die „instrumentelle Konditionierung".

### Die „klassische Konditionierung"

Bei der „klassischen Konditionierung" kommt es zur Assoziation zwischen zwei Reizen. In Pawlows berühmtem Experiment wurde der Reiz „Futter" (repräsentiert über Geruch und Anblick) assoziiert mit dem Reiz „Geräusch". Der Reiz „Futter" löst angeborenerweise eine bestimmte Verhaltensreaktion aus: nämlich das Speicheln. Nach der Konditionierung der entsprechenden Assoziation löst auch der Reiz „Geräusch" diese Verhaltensreaktion aus.

### Die „instrumentelle Konditionierung"

Bei der „instrumentellen Konditionie rung" kommt es zur Assoziation zwischen einem Signal und einer Verhaltensreaktion. Die Konditionierung wird durch die Konsequenz beeinflusst, die der Organismus auf das gezeigte Verhalten hin erfährt. Ist die Konsequenz auf das gezeigte Verhalten positiv (zum Beispiel eine Belohnung), wird das Verhalten wahrscheinlich auch zukünftig (auf das entsprechende Signal hin) gezeigt. Ist die Konsequenz auf das gezeigte Verhalten negativ (zum Beispiel eine Bestrafung), wird das Verhalten wahrscheinlich zukünftig (auf das entsprechende Signal hin) seltener gezeigt.

*Instrumentelle Konditionierung: Der Hund lernt, dass sich ein bestimmtes Verhalten, nämlich „Pfötchen geben", lohnt.*

### Der Unterschied

Ein besonderer Unterschied zwischen beiden Formen der Konditionierung ist die Ortsabhängigkeit und die Abhängigkeit von der momentanen Motivation des Tieres: Die klassische Konditionierung ist weitestgehend orts- und motivationsunabhängig.
Die instrumentelle Konditionierung ist abhängig vom Ort (z.B. Raum, Gelände) und abhängig von der Motivation (z.B. Hunger) der Tiere. Etwas auf diese Weise Gelerntes muss durch Training an verschiedenen Ort generalisiert werden.

### *Ortsabhängigkeit*

Ortsabhängigkeit meint, dass ein an einem bestimmten Ort erlerntes Kommando an einem anderen Ort quasi neu erlernt werden muss. Man spricht in diesem Zusammenhang auch von kontextspezifischem Lernen.

## Generalisierung

Generalisierung bedeutet Verallgemeinerung. Hunde lernen stark orts- und situationsabhängig (kontextspezifisch) (siehe oben). Erst, wenn ein Kommando an mehreren Orten und in mehreren Situationen geübt und trainiert wurde, wird es generalisiert.

Das bedeutet, dass zu Anfang einer Konditionierung alle Umweltreize, die parallel zum Verhalten vorhanden sind, eine Rolle spielen und der Hund erst nach und nach herausfiltert, welcher Reiz der eigentliche Auslöser ist. Wenn man z.B. mit dem Hund im Wohnzimmer „Sitz“ übt, dann besteht das Signal „Sitz“ anfangs nicht nur aus dem gesprochenen Wort, sondern ebenso aus der Uhrzeit, dem Mobiliar, der Position von Hund und Besitzer zum Fenster oder zur Tür, der Grundstimmung der Teilnehmer und noch vielem mehr.
Geht man nach der ersten Übungssequenz vom Wohnzimmer in die Küche, fängt man fast von vorn an. Aber es gibt einige übereinstimmende Faktoren (z.B. das Signal für „Sitz“, die Teilnehmer), und die beschleunigen das Üben in der Küche gegenüber dem Üben im Wohnzimmer. Erst wenn das Kommando mehrfach in verschiedenen Situationen mit unterschiedlicher Ablenkung geübt wurde, kann der Hund generalisieren. Nach entsprechender Übung kann das Signal „Sitz“ auf das gesprochene Wort „Sitz“ reduziert werden.

## Gewöhnung (Habituation)

Habituation bedeutet Gewöhnung, das heißt, dass ein Tier verlernt, eine Verhaltensreaktion aufgrund eines gewissen

*Auf der grünen Wiese sind die Bedingungen für den Hund anders als in der Wohnung ...*

*... Er muss erneut lernen, dass dieses Handzeichen auch draußen „Sitz“ bedeutet.*

Reizes zu zeigen. Ein Beispiel für eine gewünschte Gewöhnung wäre die Gewöhnung an Wild. Das Verlernen der Verhaltensreaktion „Aufregung beim Anblick oder Geruch von Wild“ wäre in diesem Fall das erwünschte Ergebnis. Erfährt ein Welpe schon sehr früh eine solche Gewöhnung, ist die Wahrscheinlichkeit, dass er ein Jagdproblem entwickelt, geringer als bei einem Hund, der als erwachsenes Tier erstmals mit diesen aufregenden neuen Dingen konfrontiert wird. Eine Gewöhnung kann aber auch unerwünscht sein.

Ein Beispiel für eine unerwünschte Gewöhnung wäre die Gewöhnung an den Rufnamen des Hundes. Eigentlich sollte der Hund sich umdrehen, wenn er seinen Namen hört. Dies tut er, wenn es sich für ihn lohnt (Motivation!). Hört er nun sehr häufig seinen Namen, ohne dafür eine Belohnung zu bekommen, gewöhnt er sich daran, und der Name wird zu einem Hintergrundgeräusch, dem er keine Bedeutung beimisst. Unter Umständen wäre es dann sinnvoll, ein anderes Kommando aufzutrainieren (z.B. „Guck mal“), dass ihn umblicken lässt.

## Sensitivierung

Die Sensitivierung ist das Lernen einer gesteigerten Verhaltensreaktion als Antwort auf ein Signal. Sensitivierung findet zügig statt, wenn ein Signal eine immanente Bedeutung für die eigene Fitness hat. Ein Beispiel für eine erwünschte Sensitivierung ist das erfolgreiche Auftrainieren eines „Superkommandos". Ein solches Kommando ist nämlich mit etwas für den Hund sehr Wichtigem verbunden, und deshalb wird der Hund auch bei großer Ablenkung darauf reagieren (siehe Seite 178 „Spezielle Übungen").

Ein Beispiel für eine unerwünschte Sensitivierung könnte die gesteigerte Erregung im Wald nach einem Jagderfolg sein. Schon ein einmaliges, extrem tolles Ereignis wie das Verfolgen oder das Packen von Wild kann einen Hund hinsichtlich der Situation (= Signal) „Wald" sensitivieren. Es könnte passieren, dass der Hund beim nächsten Spaziergang in dieser Umgebung sehr aufgeregt ist, ohne dass tatsächlich Wild oder Wildgeruch anwesend ist.

## Löschung

Wenn ein erlerntes Verhalten über längere Zeit nicht mehr belohnt wird, sich das Zeigen des Verhaltens für das Tier also nicht lohnt, wird es quasi aus dem Verhaltensrepertoire „gelöscht", d.h. das Tier zeigt dieses Verhalten nicht mehr. Bekommt ein Hund, der am Tisch „bettelt", plötzlich nichts mehr von seinem Besitzer, wird er nach einiger Zeit aufhören, seinen Besitzer anzustarren, sondern sich hinlegen oder abwenden.

### *Jagdverhalten kann nicht gelöscht werden*

Leider ist eine Löschung beim Jagdverhalten nicht zu erreichen. Alle Elemente des Jagdverhaltens sind angeborene, überlebenswichtige Verhaltensweisen. Tiere, die bei wiederholten Misserfolgen das Jagen aufgeben würden, würden in der Natur nicht überleben können und sterben.

Genau aus diesem Grund ist Jagdverhalten selbstbelohnend, d.h., schon das bloße Ausführen eines Elementes aus diesem Bereich wirkt belohnend – selbst wenn am Ende einer Hetzjagd oder Fährte kein Jagderfolg steht. Da der Hund sich die Belohnung durch sein Verhalten also quasi selbst zukommen lässt ( z.B. durch Ausschauhalten, Folgen einer Fährte oder Hetzen eines Stück Wilds), hat er IMMER einen gewissen Erfolg. Und das ist ein weiterer Grund, warum Jagdverhalten löschungsresistent ist, sich höchstens abschwächen lässt.

## Gegenkonditionierung

Hierbei handelt es sich um einen Vorgang, der zum größten Teil als klassische Konditionierung abläuft. Zum Beispiel könnte bei einem jagdbegeisterten Hund die bestehende konditionierte Assoziation

„Anblick Reh <—> Jagdverhalten"

beim Anblick eines Rehs spontan Jagdverhalten auslösen. Nach einer entsprechend durchgeführten Gegenkonditionierung könnte die gegenkonditionierte Assoziation jedoch lauten:

„Anblick Reh <—> Besitzer füttert Leckerli aus der rechten Hand."

Dann würde der Hund beim Anblick eines Rehs zum Besitzer rennen und dessen rechte Hand anstarren.
Die genaue Durchführung einer Gegenkonditionierung wird im Kapitel „Gewöhnung an Wild" ab Seite 169 Schritt für Schritt behandelt.

## Motivation

Warum lernt ein Tier? Motivation spielt beim Lernen eine große Rolle.
Einerseits lernt ein Tier, weil es nicht anders kann (Assoziation verschiedener Ereignisse im Sinne der klassischen Konditionierung). Andererseits bedeutet Lernen, dass sich das Verhalten eines Lebewesens aufgrund aufgenommener Sinnesreize ändert beziehungsweise anpasst. Die Anpassung erfolgt immer in einer Weise, die für das Tier Steigerung der biologischen Fitness durch Sicherung von Ressourcen beziehungsweise durch Schadensvermeidung bedeutet. Ein Tier nimmt über seine Sinnesorgane Informationen aus der Umwelt auf, verarbeitet sie und ändert sein Verhalten. Eine Verhaltensänderung kann darin bestehen, dass ein bestimmtes Verhalten häufiger oder seltener gezeigt wird. Die Änderung des Verhaltens erfolgt aber immer in der Art und Weise, dass sich das gezeigte Verhalten lohnt. „Nichtlohnendes Verhalten" wäre Energieverschwendung und kommt in der Natur nicht dauerhaft vor.

### *Ressourcen*

Ressourcen sind in Zusammenhang mit der Fitness alle möglichen Dinge, deren Verfügbarkeit das Überleben sichert: Futter, Wasser, Schlafplätze, Sozialpartner etc.

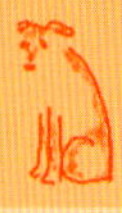

Hauptziel für jedes Tier ist die Optimierung des eigenen Zustandes und damit die Steigerung der biologischen Fitness (die eigenen Gene an die nächste Generation weitergeben). Dazu müssen verschiedene „Unterziele" erreicht werden (am Leben bleiben, Fressen, Schlafen, Integration in eine soziale Gruppe). Das Erreichen oder Aufrechterhalten dieser „Unterziele" bestimmt die Handlungsweise eines Tieres und kann als Motivation zum Lernen bei der Erziehung genutzt werden.

## Belohnung und Strafe, Verstärkung von Verhalten

Belohnung und Strafe bestimmen die Motivation eines Tieres, eine bestimmte Verhaltensweise zu zeigen oder nicht zu zeigen:
Belohnungen und Strafen sind Ereignisse, die mit einem gezeigten Verhalten verknüpft (= assoziiert) werden können; dadurch wird die Konditionierung der Verknüpfung von einem Kommando mit einem Verhalten beschleunigt.
Das Zufügen einer Belohnung erhöht die Wahrscheinlichkeit, dass ein Verhalten öfter gezeigt wird. Das Zufügen einer Strafe erhöht die Wahrscheinlichkeit, dass ein Verhalten seltener gezeigt wird.
In der aktuellen Lernforschung werden die Begriffe „Belohnung" und „Strafe"

zurzeit intensiv diskutiert und nicht einheitlich benutzt. Stattdessen wird der Begriff „Verstärker“ eingeführt.

### Verstärker

Verstärker sind Maßnahmen, die im zeitlichen Zusammenhang mit einer Verhaltensreaktion eines Tieres stehen und die Wahrscheinlichkeit des Auftretens dieser Reaktion beeinflussen. Verstärker wirken, indem sie im weitesten Sinne emotionale Zustände auslösen (Freude, Erleichterung, Frustration, Angst etc.).

Wenn ein Verstärker die Wahrscheinlichkeit des Auftretens einer Verhaltensreaktion erhöht, wird er als positiver Verstärker bezeichnet.

Wenn ein Verstärker die Wahrscheinlichkeit des Auftretens einer Verhaltensreaktion verringert, wird er als negativer Verstärker bezeichnet.

Man unterscheidet zwischen primären und sekundären Verstärkern.

Als primäre Verstärker bezeichnet man Dinge, die für den Hund angeborenerweise eine überlebenswichtige Wirkung haben. Beispiele dafür wären Futter, Wasser oder Streicheln als positive primäre Verstärker oder Schmerzen als ein negativer primärer Verstärker.

Die Wirkung sekundärer Verstärker muss erlernt werden. Nach entsprechenden (Lern-)Erfahrungen kann z.B. das Wort „Fein“ als positiver sekundärer Verstärker wirken, das Wort „Nein“ als negativer sekundärer Verstärker.

## Möglichkeiten, das Verhalten zu beeinflussen

Generell gibt es verschiedene Möglichkeiten, das Verhalten eines Tieres zu beeinflussen. „Beeinflussen“ bedeutet für den Hundebesitzer, dass er erreichen möchte, dass ein bestimmtes Verhalten (zum Beispiel „Weglaufen und Jagen“) seltener oder gar nicht mehr auftritt. Oder dass ein bestimmtes Verhalten (zum Beispiel „Herankommen, wenn gerufen“) zuverlässig häufiger auftritt. Hier folgen einige Beispiele.

### A) Positive Verstärker (Futter, Kontakt)

Die Gabe von Futter oder Sozialkontakt stellt einen positiven Verstärker dar. Ein derart verstärktes (umgangssprachlich: belohntes) Verhalten tritt öfter auf. Beispiel: Der Hund wird mit seinem Namen gerufen —> er dreht sich um —> er bekommt dafür ein Leckerli — > zukünftig wird sich der Hund wahrscheinlich häufiger zu seinem Besitzer umdrehen, wenn er mit seinem Namen gerufen wird.

*Illustration zu A*

*1. Der Hund wird gerufen.*

*2. Er dreht sich um und läuft zu seiner Besitzerin.*

*3. Dafür bekommt er als Belohnung das Leckerli.*

### B) Negativer Verstärker (Entzug)

Der Entzug von Futter oder Sozialkontakt stellt einen negativen Verstärker dar. Ein derart negativ verstärktes (umgangssprachlich: bestraftes) Verhalten tritt seltener auf.

Beispiel: Der Hund springt sein Herrchen an —> Herrchen dreht sich um und ignoriert den Hund —> Der Hund hört auf zu springen —> Zukünftig wird der Hund sein Herrchen wahrscheinlich viel seltener anspringen.

### *Motivationszustand*

Die Gabe von Futter stellt nur dann einen positiven Verstärker dar, wenn das Tier das Futter in diesem Moment wirklich haben will. Genauso stellt der Entzug von Futter nur einen negativen Verstärker dar, wenn das Tier das Futter tatsächlich hätte haben wollen. Für das Zuwenden oder den Entzug von Sozialkontakt gilt das Gleiche. Die jeweilige Wirkung hängt vom momentanen Motivationszustand des Tieres ab.

## C) Negativer Verstärker (Schmerz)

Das Zufügen von etwas Unangenehmem (Schmerz) stellt ebenfalls einen negativen Verstärker dar. Wieder gilt: Ein negativ verstärktes (umgangssprachlich: bestraftes) Verhalten tritt seltener auf.
Hund springt Besitzer an –> Besitzer tritt ihm auf die Pfoten –> Hund unterbricht das Anspringen –> zukünftig wird der Hund wahrscheinlich seltener seinen Besitzer anspringen.

## D) Positiver Verstärker (Entfernen von etwas Unangenehmem )

Das Entfernen von etwas Unangenehmen stellt wiederum einen positiven Verstärker dar. Ein entsprechend verstärktes (umgangssprachlich: belohntes) Verhalten tritt öfter auf.
Kommando „Platz“ und gleichzeitig ein Druck auf den Rücken –> der Hund sackt zu Boden –> der unangenehme Druck hört auf –> zukünftig wird der Hund sich bei dem Wort „Platz“ wahrscheinlich häufiger auf den Boden werfen.

*Illustration zu D*

*1. Der Hund wird auf den Boden gedrückt.*

*2. Wenn er liegen bleibt …*

*3. … hört seine Besitzerin als Belohnung damit auf.*

### Emotionale Beteiligung

Auch hier gilt die Abhängigkeit von der jeweiligen Gesamtsituation und der Motivation des Tieres. Grundsätzlich gilt, dass Lernprozesse mit Verstärkern um so schneller ablaufen, je mehr das Tier dabei emotional beteiligt ist. In einer Situation, in der ein Tier massiv emotional beteiligt ist, reicht unter Umständen diese einzige Situation aus, um eine entsprechende Assoziation lang anhaltend im Langzeitgedächtnis abzuspeichern. Für das Training sollten so massive emotionale Zustände vermieden werden, da die Reaktionen des Hundes extrem und unvorhersehbar sein können.

## Nachteile bei bestimmten Methoden (B, C & D)

Rein wissenschaftlich (lernbiologisch) gesehen sind alle oben genannten Methoden anwendbar, um ein Verhalten zu beeinflussen. Bei der praktischen Umsetzung der Methoden der negativen Verstärkung (B + C) und der positiven Verstärkung durch Entfernen von etwas Unangenehmem (D) können allerdings verschiedene Probleme entstehen.

### Strafe muss immer erfolgen

Um einen Lernerfolg zu erzielen, muss ein Verhalten konsequent wirklich jedes Mal bestraft werden, wenn es auftritt. Das ist im Alltag oft nicht möglich. Der Hund lernt, dass ein bestimmtes Verhalten nur manchmal negative Konsequenzen hat und wird je nach Situation abwägen, ob er es unterlässt oder nicht (Weglaufen trotz Rückruf, Anspringen, Fressen von der Straße, wenn der Besitzer wegschaut usw.).
Beispielsweise könnte ein Hund gelernt haben, sich an der Leine zu seinem Besitzer umzudrehen, weil er sonst geruckt wird und er ein Misserfolgserlebnis hat, da er an straffer Leine nicht weiterkommt. Aber er hat vielleicht auch gelernt, dass er ohne Leine erfolgreich entwischen kann. Dadurch wird die Tatsache „bin ich angeleint oder nicht“ für den Hund zu einer wichtigen Sache und wird die Motivation „laufe ich weg oder nicht“ ganz maßgeblich beeinflussen.

### Gefahr von falschen Verknüpfungen

Um das unerwünschtes Verhalten erfolgreich zu bestrafen, muss die Assoziationszeit eingehalten werden, damit der Hund die richtige Verknüpfung herstellt. Die Gefahr von falschen Verknüpfungen (Fehlverknüpfungen) ist besonders bei negativer Verstärkung durch Bestrafung nachteilig. Es könnten situationsbedingte „Nebenschauplätze“ assoziiert werden: Strafen beim Anspringen wird unter Umständen nicht mit dem unerwünschten Verhalten „Anspringen“ verknüpft, sondern mit dem Treten des Fußes. In Zukunft könnten Menschen oder bewegte Füße Angst und eventuell dadurch auch aggressives Verhalten auslösen.

## Verhältnismäßigkeit der Strafe

Eine Strafe muss so stark sein, dass sie das bestrafte Verhalten zuverlässig sofort unterbricht. Bei manchem (von Menschen) unerwünschten Verhalten ist die Motivation, es zu zeigen, extrem hoch, weil es in der Natur überlebenswichtig wäre (z.B. Elemente aus dem Jagdverhalten). Eine ein solches Verhalten unterbrechende Strafe müsste die Motivation, das Verhalten zu zeigen, quasi „übertrumpfen“.
Konkret heißt das, die Strafe müsste vom Hund als extrem bedrohlich empfunden werden. Es ist sicherlich möglich, eine solche Empfindung bei seinem Hund durch entsprechende körperliche Bestrafung auszulösen. ABER abgesehen von tierschutzrelevanten Aspekten der Bestrafung wäre die Verhältnismäßigkeit einer derartigen Bestrafung gegen über einem natürlichen (Jagd-)Verhalten, weil es vom Menschen als unerwünschtes Verhalten eingestuft wird, nicht gegeben.

## Lösungen fehlen

Außerdem bietet negative Verstärkung dem Hund nur die „halbe Information“. Man zeigt, was nicht gewünscht ist, gibt dem Hund aber keine Information über das eigentlich gewünschte Verhalten. Beispielsweise bekäme ein Hund, den man ausschimpft, weil er sein Geschäft auf dem Teppich erledigt hat, zwar die Information, dass dieses Verhalten unerwünscht ist, aber es fehlt die Information, welches Verhalten (hier: welcher Ort) für seine „Nöte“ angemessen wäre. Der Hund lernt bestenfalls, diesen einen Teppich zu meiden (siehe: kontextspezifisches Lernen Seite 58) und es woanders zu versuchen. Bis er durch „Versuch und Irrtum“ gelernt hat, dass das Erledigen seiner Geschäfte nur draußen nicht bestraft wird, kann es noch eine Weile dauern. Sinnvoller wäre, ihn durch Management (Beobachten, regelmäßiges Hinausgehen) gar nicht erst zu verleiten, etwas falsch zu machen, und ihn für richtiges Verhalten ausgiebig zu loben.

## Angeknackstes Vertrauensverhältnis

Letztlich können negative Verstärkung und positive Verstärkung durch Entfernen von etwas Unangenehmem (Entfernung eines schmerzhaften Reizes) das Vertrauensverhältnis zwischen Hund und Besitzer stören. Überhaupt kann

*Der Hund fühlt sich durch die Körpersprache des Menschen bedroht und würde lieber weglaufen, als den Rückruf zu befolgen.*

alles, was den Hund verunsichert (fehlende Information, Druck durch Bestrafen, Schmerz), zu Unsicherheit und Stress führen. Bei Stress laufen im Gehirn Reaktionen ab, die Lernen stark behindern oder sogar verhindern.

### Stress als „Lernkiller"

Stress wirkt grundsätzlich als „Lernkiller" und ist ein häufiger Grund, warum man beim Training nicht weiterkommt. Auch Situationen, die für den Hund sehr aufregend sind (z.B. Anblick von Wild), verursachen Stress und sollten beim Training zunächst vermieden werden. Erst wenn eine Übung ohne solche aufregenden Ablenkungen beherrscht wird, „pirscht" man sich langsam an steigende Anforderungen heran.

## Variable Belohnung – das „Glücksspielprinzip"

Wenn ein Verhalten nicht regelmäßig, aber immer mal wieder belohnt wird, wird es in seinem Auftreten grundsätzlich verstärkt, sprich die Wahrscheinlich-

keit, dass das Verhalten gezeigt wird, erhöht. Das lässt sich an dem Beispiel „bettelnder Hund“ gut erklären: Wenn man sich vornimmt, seinem bettelnden Hund nichts mehr vom Tisch zu geben, wird der Hund das im ersten Moment nicht einfach als „neue Regel“ erkennen und aufgeben. Er wird sogar anfangs noch mehr betteln als zuvor, weil er vorher gelernt hat, dass dieses Verhalten Erfolg bringt. Wenn man als Besitzer dann irgendwann resigniert und dem Hund doch etwas abgibt, hat der Hund genau das Gegenteil von dem gelernt, was eigentlich geplant war:
Er hat nämlich gelernt, dass er nicht immer und nicht sofort etwas bekommt; wenn er aber ein bestimmtes Verhalten (hier: Betteln) lange und intensiv genug zeigt, gibt es dafür früher oder später eine Belohnung. Diesen Mechanismus der „Verhaltensverstärkung durch variable Belohnung“ zu erkennen, ist wichtig, wenn es darum geht, unerwünschtes Verhalten „abzutrainieren“, aber auch, wenn es darum geht, ein erwünschtes Verhalten zu verstärken. Spielautomaten oder Lotterien arbeiten so erfolgreich nach diesem Prinzip, dass manche Menschen jahrzehntelang Lotto spielen oder regelrecht spielsüchtig werden. Glücksspiele wären längst nicht so attraktiv, wenn man genau wüsste, dass man beispielsweise nach jedem fünften Lauf einen kleinen Gewinn bekäme. So hofft man bei jedem Spiel aufs Neue auf einen hohen Gewinn und bleibt am Ball. Für das Training bedeutet das: Lernt der Hund etwas Neues, belohnen Sie jedes Mal, aber zum Aufrechterhalten von erlerntem Verhalten belohnen Sie nach einem Zufallsprinzip. Wenn der Hund lernt, dass die Wahrscheinlichkeit, eine Belohnung zu bekommen, zunimmt, wenn er nur oft genug das entsprechende Kommando befolgt, bleibt die Motivation hoch.

## Jackpot

Als Jackpot bezeichnen wir beim Training eine besonders leckere, große oder sonst wie spezielle Belohnung, z.B. eine ganze Schale Hundefutter, eine Handvoll frischen Pansen oder das besonders geliebte Quietschetier. Der Jackpot wird vom Besitzer ausnahmsweise und nur für besondere Leistungen ausgeteilt. Ein mit dem Jackpot belohntes Verhalten wird vom Hund als „besonders lohnenswert“ gelernt, und die Wahrscheinlichkeit, dass es auch in Zukunft gezeigt wird, erhöht sich deutlich. Der Einsatz des Jackpots muss vom Besitzer sehr sorgfältig und sparsam gehandhabt werden, da er sonst seinen besonderen Belohnungseffekt verliert.

## Grundregeln für das Training

Um ein Training möglichst effektiv und damit für Sie und Ihren Hund möglichst wenig frustrierend zu gestalten, sind einige Grundregeln zu beachten. Die Grundlagen dazu wurden in den bisherigen Kapiteln besprochen.
Bevor Sie mit dem Training beginnen, sollten Sie folgende Grundregeln im „Hinterkopf" haben. Sie gelten für jede Übung, für Anfänger und Fortgeschrittene und können als Leitfaden zur Fehleranalyse gelten, wenn Sie einmal nicht weiterkommen.

» Sie brauchen eine passende Belohnung (Motivation!).
» Achten Sie immer auf die Assoziationszeit von 1 bis allerhöchstens 3 Sekunden.
» Definieren Sie das zu belohnende Verhalten eindeutig. Heißt „Hier" einfach „Mitkommen" oder „Herankommen mit Vorsitzen"?
» Definieren Sie Kommandos eindeutig. Sind Ihre Handzeichen eindeutig und benutzen Sie sie korrekt ? Unterscheiden sich Ihre akustischen Kommandos deutlich oder wird das „Fein" manchmal wie ein „Nein" genuschelt?

» Belohnen Sie erwünschtes Verhalten, nichts ist selbstverständlich. Regelmäßiges Ignorieren von erwünschtem Verhalten führt zu seiner Auslöschung.
» Beachten Sie, dass eine bestimmte Übung aus vielen kleinen Einzelschritten bestehen kann und dass jeder Schritt dann auch einzeln geübt werden muss.
» Das Lerntempo sollte an dem Lernverhalten Ihres Hundes orientiert sein.
Training bedeutet ein zielorientiertes Vorgehen:
»» Feststellen des Ist-Zustandes (was kann der Hund, was kann er nicht),
»» Festlegen des Soll-Zustandes (was ist das Trainingsziel, was soll der Hund später können),
»» Festlegen der einzelnen Trainingsschritte, um von A nach B zu kommen.

» Unterbrechen Sie die Übung, wenn Ihr Hund verwirrt oder überfordert erscheint. Denken Sie daran, dass Stress ein Lernkiller ist. Ein gestresster Hund lernt nur schwer oder gar nicht. Unter Umständen könnte es allerdings zu einer Assoziation zwischen dem Ort, der Übung oder sogar Ihnen und der negativen Emotion „Stress" kommen. Es könnte dann sein, dass der Hund das nächste Mal an diesem Ort, bei dieser Übung oder in einem ähnlichen Zusammenhang wieder Stress zeigt, eventuell sogar die Situation meidet und an Lernen nicht zu denken ist. Das frustriert Sie und den Hund, führt wiederum zu Stress und könnte der Beginn eines unangenehmen Teufelskreises sein.

» Steigern Sie die Schwierigkeitsgrade (z.B. Ablenkung) im Training nur, wenn das gewünschte Verhalten unter den bisherigen Übungsbedingungen vom Hund zuverlässig gezeigt wird. Mit „zuverlässig" ist gemeint, dass bei wenigstens 80 % der Übungen das gegebene Kommando sofort und genau befolgt wird.

» Üben Sie nie, wenn Sie keine Zeit haben, gereizt oder müde sind. Der Hund könnte Ihre „schlechte Stimmung" spüren und mit Unsicherheit reagieren. Dann gilt, was oben zu „Stress" geschrieben wurde.

» Widerstehen Sie dem Drang, Signalworte zu benutzen, die noch nicht richtig auftrainiert sind. Um die gewünschte Assoziation zwischen einem Kommando und der dazugehörigen Reaktion (des Hundes) zu bekommen, ist es besonders am Anfang sehr wichtig, darauf zu achten, dass der Hund das entsprechende Wort nur hört, wenn er die dazugehörige Handlung gerade ausführt oder mit der Ausführung beginnt. Ein Hund, der das Kommando „Sitz" häufiger hört, während er steht, als während er sitzt, kann die gewünschte Bedeutung „Sitz = Hinsetzen, Po auf den Boden" nicht lernen.

# Übungen

## zum Grundgehorsam

# Ein paar Worte zum Grundgehorsam

Übungen zur Verbesserung des Grundgehorsams sind die Voraussetzung bei der Lösung eines vorhandenen Jagdproblems. Die im Folgenden beschriebenen Übungen sollten Sie mit Ihrem Hund so gut geübt haben, dass sie in allen Alltagssituationen mit sehr großer Wahrscheinlichkeit gut, also korrekt und schnell, ausgeführt werden. Erst wenn das der Fall ist, können Sie die Beseitigung des eigentlichen Problems in Anriff nehmen.

In einigen Fällen wird es sinnvoll sein, für ein bestehendes, „mehr schlecht als recht" funktionierendes Kommando ein anderes Signal, zum Beispiel ein neues Wort oder einen Pfiff komplett neu aufzutrainieren. Wenn Ihr Hund auf seinen Namen nicht reagiert, weil er ihn zu häufig am Tag hört, ist es besser, ein anderes Kommando beim Aufmerksamkeitstraining zu benutzen.

Wir haben uns bei den hier genannten Übungen auf diejenigen konzentriert, die unserer Meinung nach bei der Lösung eines Jagdproblems relevant sind. Einige ebenfalls zum Grundgehorsam zählenden Übungen („Sitz", „Platz", „Bleib", „Bei Fuß" etc.) haben wir aus Gründen der Übersichtlichkeit außen vor gelassen.

Der Übungsaufbau berücksichtigt überwiegend Lernen über positive Verstärkung durch Zufügen von etwas Angenehmem (siehe A unter „Möglichkeiten der Beeinflussung von Verhalten" Seite 64). In einigen Fällen wird auch mit negativer Verstärkung durch Ignorieren, Misserfolgsmeldungen oder Zufügen mäßig aversiver Reize gearbeitet.

Die Gründe hierzu, Vor- und Nachteile und mögliche Gefahren, werden jeweils bei den einzelnen Übungen näher erläutert.

# Die richtige Motivation

Ein gut motivierter Hund lernt gern und schnell. Ein unmotivierter Hund könnte sich im Training von etwas Interessantem ablenken lassen. Daher muss jeder Besitzer einen Weg finden, um seinen Hund angemessen zu belohnen.

Jeder Hund ist unterschiedlich zu motivieren, und jeder Besitzer muss ausprobieren, was sich für seinen Hund am besten eignet.
Grundsätzlich wird ein Hund durch die Konsequenz motiviert, die ein gezeigtes Verhalten hat. Die verschiedenen Möglichkeiten, das Verhalten eines Hundes durch Belohnung oder Strafe zu beeinflussen, wurden schon im Kapitel „Lernverhalten" Seite 62 ff. besprochen.

## Mit Futter belohnen

Futter ist für die meisten Hunde eine gute Belohnung – die meisten Hunde zeigen dafür ein deutliches Interesse. Dazu bieten sich an: kleine Käsewürfel (am besten sehr fester, alter Käse); Trockenfutter (ein Alleinfutter für den ausgewachsenen Hund ist sehr praktisch, weil es einfach in die Tasche zu stecken ist); man kann aber auch sehr kleine Würstchenstücke nehmen. Wichtig ist, dass der Hund das Futter gern frisst.

### Belohnung

Belohnung motiviert, ein bestimmtes Verhalten häufiger zu zeigen. Als Belohnung eignen sich alle Dinge, an denen der Hund Interesse zeigt – die er also gern haben möchte.

Es wurde schon besprochen, wie wichtig die Assoziationszeit ist: Hunde verknüpfen (lernen) Signale, die nahezu gleichzeitig innerhalb von 1–2 Sekunden bei ihnen ankommen. Signale, die eine längere Zeitspanne auseinanderliegen, werden nicht mehr korrekt miteinander verknüpft.

Tipp

### Sofort griffbereit

Das Futter (das gilt auch für jede andere Belohnung) muss im Training immer parat sein. Wenn man es erst umständlich aus dem Schrank holen muss, ist es zu spät.

## Verdien es dir!

Belohnt wird im Training jedes Verhalten, das man beim Hund haben will – ignoriert wird jedes andere Verhalten. Da Hunde fressen müssen, bekommt Ihr Hund natürlich weiterhin sein Futter – aber nichts weiter. Für Leckerbissen muss er arbeiten. Es gibt hin und wieder auch „Härtefälle", bei denen man das normale Futter deutlich reduzieren muss, um eine ausreichende Motivation (Hunger, Appetit) für das Training zu erreichen. Für alle Motivatoren gilt: Sie wirken am besten, wenn sie ansonsten rar sind, dem Hund also sonst im Alltag nicht zur freien Verfügung stehen. Weitere Möglichkeiten der Belohnung sind Spiel und Streicheleinheiten. Probieren Sie aus, was bei Ihrem Hund am besten „zieht". Ideal ist es natürlich, wenn Sie mehrere mögliche Belohnungen zur Auswahl haben, die Sie variabel einsetzen können.

*Futter als Belohnung ist leicht zu handhaben.*

## Lernen eines Belohnungswortes (oder eines Clicks)

### Sinn und Zweck

Es wurde in dem Kapitel über Lernverhalten besprochen, dass der Hund über Assoziation lernt, indem er Reize, die er innerhalb eines äußerst knappen Zeitraums empfängt, im Gehirn miteinander verknüpft.

Soll ein Hund ein Leckerli nicht einfach nur als wohlschmeckende Nettigkeit empfinden, sondern tatsächlich als Belohnung für ein gezeigtes Verhalten, muss er das Leckerli innerhalb dieser wenigen Sekunden nach dem jeweils zu belohnenden Verhalten bekommen. D.h., man hat als Hundehalter 1–2 Sekunden Zeit, um zu erkennen, dass der Hund etwas richtig gemacht hat und um selbst darauf zu reagieren.

Wenn Sie ein Verhalten belohnen wollen, das der Hund in einiger Entfernung von Ihnen zeigt, zum Beispiel der Hund wird beim Namen gerufen und dreht sich um (Aufmerksamkeitstraining, siehe Seite 80), ist es schwierig, die Assoziationszeit einzuhalten. Jetzt kommt das Belohnungswort beziehungsweise der Clicker ins Spiel: Beides sind sekundäre Verstärker und müssen erst erlernt werden. Nachfolgend wird der Einfachheit halber meist nur von dem Belohnungswort gesprochen.

*Zu Beginn brauchen Sie ein Belohnungswort oder einen Clicker.*

Aber: Wenn Sie sich für die Verwendung eines Clickers entschieden haben, müssen Sie an den entsprechenden Stellen „clicken". Es gilt: Sobald der Hund das erwünschte Verhalten zeigt, rufen Sie das auftrainierte Belohnungswort. Wurde das Wort zuvor mit Leckerli assoziiert, fühlt er sich in dem Moment belohnt, in dem er das Wort hört – das Leckerli kann dann einige Sekunden später „nachgereicht" werden. In diesem Fall findet trotzdem eine Verstärkung statt:

Nach vorausgegangener Assoziation „Belohnungswort <—> Leckerli"

setzt beim Hund schon durch das Hören des Belohnungswortes eine Erwartungs-

*Nun gibt es bei jedem Leckerchen ein Click, bis der Hund den Click als Belohnung empfindet.*

haltung („Leckerli") ein, die im Gehirn eine Aktivierung des internen Belohnungssystems auslöst. Die meisten Hunde lernen ein Belohnungswort beiläufig – weil man als Hundebesitzer bestimmte Worte häufig benutzt, wenn man seinen Hund freundlich anspricht oder ihn streichelt. Über die Verknüpfung „Fein" + Futter oder „Fein" + Streicheln lernt er, dass das Wort „Fein" für ihn etwas Gutes bedeutet. Aber erst im Zusammenhang mit einem gezeigten Verhalten (unter Berücksichtigung der Assoziationszeit) wird daraus eine Belohnung – und das belohnte Verhalten in Zukunft wahrscheinlich häufiger gezeigt.

## Vorbereitung

Als Erstes brauchen Sie eine geeignete Belohnung. Bedenken Sie unter Berücksichtigung der Dinge, die unter „Motivation" besprochen wurden, was für Ihren Hund eine geeignete Belohnung sein könnte.

Dann müssen Sie sich ein Belohnungswort überlegen. Geeignet sind kurze Worte, wie „Gut", „Ja", „Fein" etc. oder der „Click" des Clickers. In Zukunft sollte das Wort oder der Clicker immer in Zusammenhang mit einem zu belohnenden Verhalten verwendet werden. Wenn Sie sich für ein Wort entschieden haben, ist es sinnvoll, ein Wort zu wählen, das Sie außerhalb des Trainings nicht so häufig benutzen.

Ein „alltägliches" Wort, das der Hund oft hört, ohne dass er tatsächlich gemeint ist und belohnt wird, „greift" sich schnell ab und ist für das Training nicht gut geeignet.

Bemühen Sie sich, das gewählte Wort immer gleich auszusprechen, und zwar möglichst etwas von Ihrer „Alltagsstimmlage" abweichend.

All das trägt dazu bei, dass das Belohnungswort einen noch höheren Wiedererkennungswert hat im Sinne von: „Huch, das Wort höre ich, wenn etwas gut war und ich dafür eine Belohnung bekomme!"

## Durchführung

Wenn Sie sich für eine Belohnung und ein Wort oder den Clicker entschieden haben, geht es los: Nun wird das Wort oder der „Click" mit dem Leckerli assoziiert: Der Hund bekommt ein Leckerli und gleichzeitig sagen Sie das Belohnungswort bzw. „clicken" mit dem Clicker. Das machen Sie möglichst mehrmals schnell hintereinander. Eine einfache Übung! Dabei ist es egal, ob der Hund sitzt oder steht, Hauptsache die Aufnahme des Leckerlis und das Hören des Wortes beziehungsweise Clicks erfolgen gleichzeitig.

*Der Hund hört das Belohnungswort oder den Click, während er ein Leckerli bekommt.*

Machen Sie diese Übung ein paar Mal am Tag jeweils mit 10–15 Leckerli. Wenn alles richtig läuft, verknüpft der Hund das Belohnungswort mit dem Leckerli. Sie können den Erfolg kontrollieren, indem Sie sich etwas hinter den Hund stellen und das Wort sagen. Dreht sich der Hund sofort erwartungsvoll zu Ihnen um, ist eine Verknüpfung vorhanden. Dann können Sie mit den ersten Übungen, zum Beispiel dem Aufmerksamkeitstraining (Seite 80), beginnen.

## Wenn es nicht klappt

» Überlegen Sie, ob das verwendete Leckerli wirklich etwas Leckeres für den Hund war.

» Haben Sie vielleicht bei den ersten Durchgängen etwas verlangt, was für den Hund nicht angenehm oder selbstverständlich war? Z.B. musste sich der Hund immer erst hinsetzen, bevor er das Leckerli bekam? Oder der Hund wurde ermahnt, das Leckerli vorsichtig zu nehmen, oder sogar bestraft, wenn er zu grob war. – Natürlich sollte ein Hund Leckerli vorsichtig aus der Hand nehmen, aber das ist eine gesonderte Übung.

» Vielleicht haben Sie ein Wort gewählt, das Sie zu häufig im Alltag verwenden, ohne dass es eine Bedeutung für den Hund hat. Dann entscheiden Sie sich besser für ein anderes Wort oder den Clicker.

## Andere Belohnungen

Bisher wurde hauptsächlich davon ausgegangen, dass Sie Futter als Belohnung einsetzen. Belohnung in Form von Leckerli hat viele Vorteile: Für die meisten Hunde sind Leckerli etwas sehr Begehrenswertes, und wenn das nicht der Fall ist, kann man das erreichen, indem man den Hund beim Füttern etwas kürzer hält. Außerdem sind Leckerli gut zu transportieren und schnell parat.

Aber man kann auch andere Dinge als Belohnung in Kombination mit dem Belohnungswort auftrainieren, z.B. Bälle, Rennen oder Toben mit dem Hund, Streicheln. Tatsächlich kann man auch mehrere verschiedene Arten von Belohnungen einsetzen und je nach Situation verwenden. Wir empfehlen zum Einstieg in das Training mit dem Belohnungswort zunächst nur eine Art der Belohnung, denn häufig muss sich auch der Besitzer erst in den Ablauf

„Erkennen erwünschten Verhaltens —> Belohnungswort rufen —> Belohnung geben" (Assoziationszeit einhalten!!)

einarbeiten. Wenn man sich von Vornherein für eine andere Belohnung als Leckerli entscheidet, zum Beispiel weil der Hund nicht an Leckerli interessiert ist, wird auch diese Belohnung wie oben

*Auch ein Spielzeug oder ein Spiel mit dem Besitzer kann eine gute Belohnung sein.*

beschrieben mit dem Belohnungswort assoziiert. Wenn der Hund ganz begeistert Bällchen spielt, würde man statt des Leckerlis das Werfen des Lieblingsballes mit dem Belohnungswort assoziieren: Rufen Sie das Belohnungswort, kurz bevor Sie den Ball werfen.

Der Hund soll dabei lernen, zu Ihrer Hand beziehungsweise zu dem Ball zu gucken.

# Aufmerksamkeitstraining

Aufmerksamkeitstraining bedeutet, dass der Hund lernt, immer und sofort seinen Kopf in Richtung Besitzer zu wenden, wenn dieser das entsprechende Kommando gibt. Bei den meisten Hunden ist das Kommando gleichbedeutend mit dem Namen: Der Mensch ruft den Namen des Hundes und dieser guckt seinen Besitzer an.

## Vorbereitung

Überlegen Sie sich ein geeignetes Aufmerksamkeitskommando, z.B. den Namen des Hundes, einen Kosenamen oder einen Pfiff.

## Durchführung

### 1. Schritt: Sieh mich an

Der Hund wird mit dem Aufmerksamkeitskommando angesprochen und sein Blick über eine Bewegung der Hand mit dem Leckerli in Richtung Kopf des Menschen gelenkt. Sobald der Hund in Ihre Richtung guckt, wird das Belohnungswort gerufen und das Leckerli gereicht. Noch einmal kurz zur Wiederholung: Das Belohnungswort wird in dem Moment gerufen, in dem Sie sehen, dass der Hund das richtige Verhalten zeigt (Umgucken). Dann bekommt er das Leckerli. Wenn bis dahin einige Sekunden vergehen, ist das nicht tragisch, weil ja das Belohnungswort, der sekundäre Verstärker, vorgeschaltet wurde. Der Hund soll lernen, sich auf Rufen seines Namens zu Ihnen umzudrehen, denn darüber erhöht sich die Kontrolle über den Hund massiv.

### 2. Schritt: Regelmäßig üben

Diese Übung wird regelmäßig, aber ohne große Ablenkung trainiert. D.h., man beginnt z.B. im Wohnzimmer. Üben Sie nach Möglichkeit jeden Tag und dabei unregelmäßig über den Tag verteilt, sodass für den Hund kein Rhythmus erkennbar ist. Üben Sie in kurzen Sequenzen, lieber 10-mal 5 Minuten als 5-mal 10 Minuten. Üben Sie bei wenig Ablenkung auch an wechselnden Stellen im Haus und im Garten. Ihr Hund sollte bei mindestens 80 % der gegebenen Kommandos sofort mit Umwenden reagieren.

### 3. Schritt: Mit Ablenkung

Steigern Sie die Ablenkung in bekannter Umgebung. Man kann im Haus die Situationen vom Schwierigkeitsgrad variabel gestalten: Ein Besucher spielt mit Ihrem Hund und Sie rufen ihn; merkwürdig verkleidete Personen auf der Terrasse, dem Balkon oder der anderen Straßenseite lenken den Hund ab etc. Ihr Hund sollte im Haus und im Garten auf das Rufen seines Namens zuverlässig mit Umwenden reagieren.

### 4. Schritt: Schwierigkeitsgrad langsam steigern

Üben Sie nun auch außerhalb der bekannten Umgebung, wo Ihr Hund von unterschiedlichen Reizen abgelenkt wird. Es ist jetzt ganz wichtig, dass Sie den Schwierigkeitsgrad nur langsam steigern. Sie sollten nur in Situationen rufen, in denen Sie ziemlich sicher sind, dass der Hund reagiert.

Man kann auch „Schnüffelstellen" als Ablenkung in das Aufmerksamkeitstraining einbeziehen. Bei einigen sehr an Gerüchen interessierten Rüden, z.B. während viele Hündinnen in der Umgebung läufig sind, ist es sinnvoll, die Übung an der Leine durchzuführen. Zieht der Hund zu einer bestimmten Stelle hin, stoppen Sie und rufen ihn. Wenn er sich umdreht, rufen Sie das Belohnungswort und geben die Leine frei, damit der Hund zur Belohnung schnüffeln darf. Wenn das gut funktioniert, können Sie auch ohne Leine üben. Beobachten Sie Ihren Hund genau, wenn seine „Körpersprache" sehr viel Anspannung und/oder Aufregung erkennen lässt, rufen Sie besser nicht.

*Ein Pfiff als Aufmersamkeitssignal*

*Der Hund ist abgelenkt (oben links). Wenn er guckt, ertönt das Belohnungssignal und er erhält seine Belohnung.*

## Wenn es nicht klappt

» Vielleicht haben Sie am Anfang die Ablenkung unterschätzt und hatten gerade zu Beginn des Trainings zu viele „Leerläufe". D.h., Sie haben gerufen und der Hund hat nicht reagiert. Bei jedem Versuch wiederholen Sie den Namen nur ein einziges Mal. Wenn es nicht klappt, ist das ein Hinweis, dass der Hund noch zu abgelenkt ist, also unter den bestehenden Umständen noch nicht gelernt hat, sich umzudrehen. Warten Sie dann eine Situation ab (oder stellen Sie sie her), in der weniger Ablenkung herrscht, und üben dann.

» Außerdem sollten Sie sicherstellen, dass sich der Hund nicht selbst belohnt, indem er Sie ignoriert und einfach weiterläuft. Das können Sie, indem Sie den Hund zumindest anfangs an der Leine halten und dadurch ein Weiterlaufen verhindern. Wenn er nicht auf das Rufen seines Namens reagiert, warten Sie einfach ab. Wiederholen Sie den Ruf frühestens nach 15 Sekunden.

» Überlegen Sie, ob Sie tatsächlich eine für Ihren Hund geeignete Belohnung gewählt haben. Gerade wenn Sie bei steigernder Ablenkung keinen Erfolg haben, obwohl es vorher geklappt hat, könnte es an unzureichender Motivation durch eine ungeeignete Belohnung liegen.

» In einigen Fällen kann es sein, dass der Hund sich unabsichtlich an seinen Namen gewöhnt hat. Hört der Hund seinen Namen sehr oft, ohne einen bestimmten (für ihn erkennbaren) Zusammenhang, findet eine Habituation an den Namen statt. Dann ist es sinnvoll ein anderes Aufmerksamkeitssignal zu wählen.

# Rückruf „Hier“

„Hier“ bedeutet im schnellen Tempo zum Halter zu laufen. Über Vergrößerung der Entfernung und Steigerung der Ablenkung wird das Kommando dann perfektioniert. Wenn man einen Rückruf perfekt auftrainiert hat, hat man eigentlich schon alle Probleme gelöst. Denn „perfekt“ heißt, dass der Hund immer und sofort zurückkommt, wenn er gerufen wird. Obwohl das nur schwer zu erreichen ist, ist ein zuverlässiger Rückruf im Zusammenhang mit einem Jagdproblem eines der wichtigsten Kommandos.

## Vorbereitung

Überlegen Sie sich ein geeignetes Rückrufkommando. Das Wort „Hier“ ist nur ein Platzhalter für ein Wort, das Sie wählen können. Denken Sie daran, dass es besonders zu Beginn des Trainings wichtig ist, dass der Hund das gewählte Wort („Hier“, „Komm“ etc.) mit dem entsprechenden Verhalten („schnell zum Besitzer laufen“) verknüpft. D.h., der Hund sollte das Wort auch nur dann hören. Manche Menschen benutzen „Komm“ zu allen möglichen Anlässen: „Komm, hör auf damit!“ oder „Komm, lass uns rausgehen!“ etc. In diesem Fall wäre „Komm“ als Rückrufkommando nicht geeignet.

## Durchführung

### 1. Schritt: Rückruf auftrainieren

Zunächst üben Sie in einer Umgebung mit wenig Ablenkung. Sie haben drei Möglichkeiten, mit dem Rückruftraining zu beginnen, die Sie auch parallel üben können.

» Die erste Möglichkeit Der Hund wird mit Namen gerufen. Wenn er sich umdreht, wird er über eine lockende Körperhaltung angeregt, sofort zu Ihnen zu kommen. Zeitgleich mit dem Herankommen des Hundes ertönt das Kommando „Hier“ (oder ein anderes von Ihnen gewähltes Wort) und dann erfolgt das Belohnungswort.

Wenn Sie sehen, dass sich Ihr Hund regelmäßig schon beim Rufen seines Namens in Bewegung setzt, können Sie das Rückruf-Kommando direkt an den Namen anhängen: „Willy, Hier". Das Belohnungswort kommt nach den ersten paar Schritten in Ihre Richtung. Wenn der Hund bei Ihnen ankommt, bekommt er das Leckerli.
Rufen Sie anfangs das Kommando nur, wenn wirklich eine Aussicht auf Erfolg besteht. Wichtig ist, dass Sie sich interessant machen und den Hund mit freundlich lockenden Ton rufen. Viele Menschen neigen manchmal zu einer eher langweiligen oder sogar angespannten Körperhaltung. Die ganze Körpersprache des Menschen muss dem Hund jedoch bedeuten, dass es toll für ihn ist, zu seinem Besitzer zu kommen.

» Die zweite Möglichkeit, den Rückruf zu trainieren, erfolgt durch ein Vortraining, bei dem der Hund lernt, Ihre Hand mit der Nase anzustupsen. Sie halten die Hand vor den Hund – die ersten paar Mal mit einem Leckerli –, und sobald er die Hand mit der Nase berührt, rufen Sie das Belohnungswort beziehungsweise „clicken". Wenn das klappt, soll der Hund die Hand anstupsen, ohne dass sich ein Leckerli darin befindet. Sie rufen das Belohnungswort und er erhält das Leckerli aus der anderen Hand. Die neben den Besitzer gehaltene Hand soll so als Sichtzeichen für den Rückruf gelernt werden. Der Hund lernt, dass es sich lohnt, zu seinem Besitzer zu laufen, sobald er dieses Zeichen sieht. Ist das Sichtzeichen gut etabliert, rufen Sie Ihr Rückrufkommando beim Herankommen des Hundes.

Tipp

**_Das Leckerli gibt's nur beim Training_**

Viele Hunde stupsen die Hand außerhalb des Trainings „einfach so" an, um ein Leckerli zu bekommen. Das müssen Sie ignorieren, denn sonst bekommt Ihr Hund den Eindruck, dass er die Spielregeln bestimmt, und ist nicht mehr so motiviert etwas zu tun, wenn Sie es wollen. Schimpfen Sie den Hund für dieses Anstupsen aber nicht aus.

» Die dritte Möglichkeit Eine Person hält den Hund fest, während Sie ihn mit Leckerli oder Spielzeug locken und sich dabei schnell 25 bis 30 Schritte entfernen. Dann drehen Sie sich um und rufen den Hund mit Namen und „Hier". Die Hilfsperson lässt den Hund los. Während er auf Sie zustürmt, können Sie ihn weiter ermuntern. Erreicht Sie der Hund, erhält er das Leckerli oder das Spielzeug. Wenn der Hund so richtig angeflitzt kommt, ist das Belohnungswort oder das Leckerli manchmal keine ausreichende Belohnung mehr. Ein Laufspiel mit dem Besitzer oder ein Ballspiel kann in diesem Fall die bessere Belohnung für einen gut befolgten Rückruf sein. Der Hund soll lernen, dass es sich lohnt, immer, sofort und schnell zu seinem Besitzer zu laufen. Der Rückruf muss ja auch funktionieren, wenn der Hund motiviert ist, eigentlich in genau die andere Richtung zu laufen (z.B. einem Radfahrer oder einem Reh hinterher).

## 2. Schritt: Beim Spaziergang üben

Üben Sie den Rückruf während des Spazierengehens, doch wie beim Aufmerksamkeitstraining steigern Sie die Ablenkung nur langsam. Üben Sie aber nicht nur den Rückruf, Sie sollten das Aufmerksamkeitstraining als eigene Übung zwischendurch separat trainieren.

Zur Wiederholung: Der Hund wird mit dem Aufmerksamkeitskommando, zum Beispiel seinem Namen, gerufen, und wenn der Hund sich umdreht, rufen Sie das Belohnungswort und er bekommt das Leckerli.

## 3. Schritt: Abgelenkt durch Hundekumpel?

Gehen Sie mit einem Hund zusammen spazieren, den Ihr Hund mag und mit dem er spielt oder sich zumindest beschäftigt. Jetzt können Sie ausprobieren, Ihren Hund unter Ablenkung zu rufen, und überprüfen, ob das bisherige Training erfolgreich war. Rufen Sie Ihren Hund aus dem Spiel zu sich, belohnen Sie ihn und erlauben Sie ihm, danach wieder weiterzuspielen. Diese Erlaubnis ist schon ein Lob an sich. Negative Verknüpfungen mit dem Heranrufen wie z.B.: „Immer stören sie mich im schönsten Augenblick!", kommen so nicht auf. Sie können auch hier wieder „Schnüffelstellen" als Ablenkung in das Training einbauen. Besonders bei Rüden kann das eine große Ablenkung sein. Sie rufen den Hund, während er an etwas Interessantem schnuppert. Am Anfang ganz kurz, bevor er sich ohnehin abgewendet hätte. Wenn das klappt, auch früher – sogar schon, bevor er zu der attraktiven Stelle hingeht.

*Dieser Hund mag nicht zu seiner strengen (bedrohlich wirkenden) Besitzerin kommen.*

## Wenn es nicht klappt

» Sollte der Hund wider Erwarten nicht oder zögernd kommen, ist dies die Information, dass er das Rückrufkommando nicht richtig mit „zum Besitzer laufen" assoziiert hat oder die Ablenkungen beim momentanen Trainingsstand zu groß sind.

» Haben Sie darauf geachtet, dass der Hund das Rückrufkommando am Anfang wirklich nur gehört hat, wenn er zu Ihnen gelaufen ist, oder haben Sie es vielleicht oft gerufen, wenn er gerade von Ihnen weggelaufen ist?
Hier liegt eine der häufigsten Fehlerquellen. Wenn der Hund 20-mal am Tag das Wort „Hier" hört, während er zu Ihnen läuft, es aber auch 15-mal am Tag hört, während er von Ihnen wegläuft, kann er den Inhalt des Wortes nicht lernen. Schlimmstenfalls lernt er sogar, dass es sich lohnt, wegzulaufen, wenn Sie das Wort häufig wiederholen und währenddessen versuchen, ihn einzufangen und anzuleinen.

» Hunde, die schon aus dem Welpenalter heraus sind und überwiegend an der Leine spazieren gehen, müssen sich unter Umständen erst einmal austoben, bevor sie bereit sind, zu ihrem Besitzer zurückzukommen. In diesen Fällen ist es wichtig, ein Übungsgelände zu wählen, auf dem der Hund ungefährdet freilaufen kann (z.B. ein eingezäunter Hundeauslauf). Jetzt heißt es, Geduld zu haben, bis sich der Hund das erste Mal freiwillig nach Ihnen umsieht. Dann erst wird er gerufen, belohnt und darf sofort wieder freilaufen. Die Anfänge können sehr mühevoll sein und erfordern viel Geduld, aber es gibt keine echten Alternativen. Den Hund auszuschimpfen, wenn er nicht kommt, oder am Nacken zu packen und zu schütteln, wenn man ihn eingefangen hat, macht einfach keinen Sinn. Denken Sie an die Grundlagen aus dem Kapitel „Lernverhalten"! Die Motivation, zu Ihnen zu kommen, wird dadurch nur geringer! Und ein wirklich sicherer Rückruf wird sich so nicht auftrainieren lassen.

*Wenn Frauchen eine freundliche Körpersprache hat, kommt der Hund gern, auch unter Ablenkung.*

» Eine angemessene Form der Kontrolle ist das Training an der Leine. Wenn der angeleinte Hund Ihr Rückrufkommando ignoriert, bleiben Sie stehen und warten einfach ab. Dadurch, dass er an der Leine ist, kann er Sie nicht wirklich „erfolgreich" ignorieren, denn er hat auf jeden Fall einen Misserfolg: Er kommt nicht weiter. Rufen Sie Ihren Hund frühestens nach 15 Sekunden wieder. Wiederholen Sie das so lange, bis sich der Hund umdreht – auch wenn es 10 Minuten dauert. Und dann bekommt Ihr Hund seine Belohnung, auch wenn es gedauert hat, bis er sich umgedreht hat, und die Übung nicht sofort geklappt hat.

» Eventuell ist die Belohnung nicht attraktiv genug. In diesem Fall bekommt der Hund weniger Futter zu den festen Mahlzeiten und Sie verwenden beim Training etwas besonders Leckeres. Bei ballverrückten Hunden können Sie den Lieblingsball als Belohnung einsetzen.

# Erfolg und Misserfolg

Bei den bisher besprochenen Grundkommandos „Aufmerksamkeit“ und „Rückruf“ wurde das Lernen überwiegend durch positive Verstärkung in Form von Leckerligaben bewirkt. Die Motivation des Hundes, ein bestimmtes Verhalten zu zeigen, wurde durch Belohnung erhöht. Bei den folgenden Übungen spielt die Motivation durch Leckerli (oder eine andere Belohnung) natürlich auch eine Rolle, aber die Lernvorgänge werden außerdem intensiver über Erfolg beziehungsweise Misserfolg eines Verhaltens beeinflusst.

## „Halt“ (oder „Stopp“)

Es wurde schon weiter oben besprochen, dass ein wirklich perfekter Rückruf eigentlich alle Probleme löst. Aber: eben nur eigentlich. Ein Rückruf ist nur dann „perfekt“, wenn das dazugehörige Verhalten sicher konditioniert wurde. Eine kurze Wiederholung: Ein Verhalten ist konditioniert, wenn ein Signal (z.B. Rückrufkommando) unbedingt und immer das entsprechende Verhalten (z.B. Herankommen) auslöst. Motivationskonflikte spielen dann keine Rolle mehr – d.h., das Kommando als solches löst beim Hund den Motivationszustand zum Zurücklaufen aus. Eine wirklich sichere Konditionierung kommt erst nach mehreren 1000 Wiederholungen zustande. Jede kleine Abweichung verändert eine Situation und diese „neue“ Situation bedarf wieder 1000 Wiederholungen, bis auch hier eine sichere Konditionierung zustande kommt. Es leuchtet ein, dass so

etwas im Labor klappt, im Alltag aber meist nur schwer oder gar nicht zu erreichen ist. Deshalb ist auch ein gut auftrainierter Rückruf immer mehr oder weniger durch Motivationskonflikte beeinflusst und deshalb selten „perfekt". Motivation spielt auch beim „Halt" eine Rolle. Aber es ist nicht nur die Motivation: „Vielleicht bekomme ich eine Belohnung, deshalb bleibe ich stehen", sondern zusätzlich die Motivation: „Weiterzulaufen macht keinen Sinn, also lasse ich es gleich."
Das Verhalten wird also durch Erfolg und Misserfolg beeinflusst. Stellen Sie sich vor, Sie sind in einem fremden Land und kennen die dortigen Ladenöffnungszeiten nicht. Sie versuchen in einen Laden zu gehen – die Tür ist zu. Sie rütteln etwas an der Tür – die Tür bleibt zu.

*Bei „Halt" bleiben Sie stehen. Wenn Ihr Hund kurz stehen bleibt, geht es auf „Los" weiter.*

Am nächsten und übernächsten Tag versuchen Sie es zur gleichen Zeit wieder – ohne Erfolg. Wenn Sie nun auch zu anderen Zeiten mehrfach vergeblich versucht haben, die Tür zu öffnen, werden Sie irgendwann aufgeben und woanders einkaufen. So ähnlich soll es Ihrem Hund beim Training des „Halt"-Kommandos auch ergehen!

## Vorbereitung

Wie bei den bisherigen Übungen auch, müssen Sie sich für ein geeignetes Kommando entscheiden. Also ein Kommando, dass Sie – um der Gefahr der „Abnutzung" zu entgehen – nur im Zusammenhang mit dieser Übung benutzen.

## Durchführung

### 1. Schritt: Bedeutung „Halt" auftrainieren

Zu Beginn halten Sie den Hund beim Gehen neben sich an der kurzen Leine (ca. 1 m). Sie sagen das Wort „Halt" und verhindern durch Ihr gleichzeitiges ruhiges Stehenbleiben, dass Ihr Hund auch nur einen Schritt weitergeht. Sobald seine vier Füße für eine Sekunde fest auf dem Boden stehen, lassen Sie die Leine locker und geben ein Auflösungskommando (z.B. Schnalzen oder „Lauf"). Sie gehen dann ganz normal weiter. Nach mehreren Metern wiederholen Sie den Ablauf. Nach einigen Versuchen bleibt der Hund bei

dem Kommando „Halt“ sofort stehen und die Leine bleibt dadurch locker, sodass er nicht mehr durch sie „ausgebremst“ wird. Sobald er das tut, wird er mit dem Belohnungswort und Leckerli gelobt.

### 2. Schritt: Länger stehen

Steigern Sie jetzt (vorläufig ohne Ablenkung) die Zeit, die der Hund stehen bleiben muss, bis Sie ihn belohnen. Die Belohnung kann in Form des Belohnungsworts + Leckerli erfolgen und/oder dadurch, dass Sie ihn aus dem Kommando „entlassen“. Wenn Sie bisher kein Entlassungskommando haben, müssen Sie das natürlich auch erst einmal trainieren: Sie können z.B. „Lauf“ sagen oder schnalzen und dann weitergehen. Sobald sich Ihr Hund jetzt bewegt, loben Sie ihn wieder. Wiederholen Sie die „Halt“-Übung nicht zu oft, denn sie ist für den Hund sehr anstrengend: Zur Handlungsunfähigkeit verdammt zu werden, ist nämlich wirklich anstrengend. Das „Halt“ ist ein Kommando, das viel Zeit braucht, bis es für den „Ernstfall“ ausreichend trainiert ist. Es kommt dabei gar nicht so sehr auf hohe Wiederholungen in kürzester Zeit an, sondern vielmehr auf eine sehr konsequente Durchführung: „Halt“ bedeutet immer, dass es nicht weitergeht, und zwar so lange, bis Sie den Hund belohnen und/oder entlassen.

### 3. Schritt: Zeitspanne und Ablenkung steigern

Steigern Sie die Zeit, die der Hund bewegungslos verharren soll, und die Ablenkung. Steigern Sie anfangs entweder nur die Zeit, die der Hund bei wenig Ablenkung stehen bleiben soll, oder den Ablenkungsgrad. Erst später wird beides zusammen gesteigert.

### 4. Schritt: Entscheiden Sie, wie es weitergeht

Nun müssen Sie entscheiden (und vielleicht ausprobieren), wie es weitergehen soll, wenn Sie das Kommando beim „Speziellen Training“ gegen unerwünschtes Jagdverhalten einsetzen: Soll der Hund so lange auf einem Fleck stehen bleiben, bis Sie herangekommen sind und ihn anleinen?

Darf er – nach einem Entlassungskommando – weiterlaufen? Oder wollen Sie den Hund im Anschluss an das „Halt" zurückrufen? Soll der Hund sich hinlegen oder -setzen? Jede Möglichkeit hat Vor- und Nachteile und kann für den einen Hund (oder seinen Besitzer) mehr oder weniger geeignet sein. Ein Hund, der zwar stehen bleibt, aber am ganzen Körper vor Aufregung zittert, während er dem weglaufenden Reh nachschaut, sollte besser abgerufen werden. Oder, wenn der Rückruf unter diesen Umständen vor lauter Erregung nicht klappt, besser angeleint und weggeführt werden. Ein Hund, der ganz ruhig stehen bleibt, wird aus dem Kommando „entlassen", wenn das Reh außer Sicht ist, oder Sie belohnen ihn mit einem Ballspiel.

## Wenn es nicht klappt

» Haben Sie ein Kommando gewählt, das Sie tatsächlich nur im Zusammenhang mit dieser Übung sagen? Haben Sie es wirklich so sorgfältig auftrainiert, dass der Hund gelernt hat, dass ein „Überlaufen" auf jeden Fall ein Misserfolg ist?

» Haben Sie die Zeit und/oder die Ablenkung wirklich nur in kleinen Schritten gesteigert? Wenn beim Training zu häufig Fehltritte („Hund bleibt nicht stehen" oder „Hund bewegt sich ohne Entlassungssignal weiter") vorkommen, erreichen Sie nicht, dass der Hund wirklich zuverlässig ruhig und lange stehen bleibt. Der Hund würde aufgrund der gemachten (Lern-)Erfahrungen sogar trotz „Halt" häufiger weiterlaufen, da er gelernt hat, das dies möglich ist. Die Motivation, das Kommando zu ignorieren, würde steigen, da der Hund mit seinem Verhalten „Weiterlaufen" Erfolg hat.

» Das Timing bezüglich des erwünschten Verhaltens und des Belohnungswortes war nicht exakt genug. Das Timing ist besonders zu Beginn dieser Übung wichtig. Das erwünschte Verhalten soll sein: „Steh mit deinen vier Pfoten fest auf dem Boden." Um das Belohnungswort richtig platzieren zu können, müssen Sie sehr genau beobachten und sehr schnell reagieren. Am Anfang steht jeder Hund nur für eine ganz kurze Zeit still, vielleicht weniger als eine Sekunde. Es könnte daher leicht passieren, dass Sie das Belohnungswort in dem Moment sagen, in dem der Hund gerade wieder versucht vorwärts zu kommen. Wenn das öfter passiert, würde der Hund lernen, dass „an der Leine ziehen" das erwünschte Verhalten ist. Der Hund wird immer kürzer oder gar nicht mehr still stehen. Lassen Sie sich bei dieser Übung von einer Person beobachten, die Ihnen entsprechende Hinweise bezüglich Ihres Timings geben kann.

## Unterbrechungswort „Nein", „Off", „Pfui"

Ein „Unterbrechungswort" soll den Hund sicher dazu bringen, ein Verhalten zu unterbrechen. Viele Menschen glauben, dass ihre Hunde die Bedeutung eines Kommandos wie „Nein" automatisch kennen und es deshalb auch befolgen. Sie gehen nicht davon aus, dass man das „Nein" – wie jedes andere Kommando auch – erst auftrainieren muss. Wenn ein Hund das „Nein"-Kommando ohne gezieltes Training befolgt – also eine Handlung unterbricht –, tut er dies, weil ihn die Art und Weise, wie das Wort ausgesprochen wird (laut, geschimpft), erschreckt. Oder weil er gelernt hat, dass das Wort „Nein" ankündigt, dass er gleich am Halsband gepackt wird. Er verbindet das Wort also mit seinem Besitzer und dessen aggressivem Verhalten und nicht mit der eigentlichen Handlung.

Einige Hunde unterbrechen aufgrund dieser (Lern-)Erfahrungen auch tatsächlich eine bestimmte Handlung, wenn sie das „Nein“ hören. Es gibt aber sehr viele Hunde, die ihr eigenes Verhalten der Situation anpassen: Sie unterbrechen die Handlung nicht, weil sie gelernt haben, dass das Wort „Nein“ doch keine negative Konsequenz nach sich zieht, wenn man es ignoriert und schnell genug wegläuft. Es gibt auch viele Hunde, die erst recht mit einem geklauten Schuh weglaufen, wenn ihr Besitzer das Wort „Nein“ sagt. Sie haben gelernt: Bleiben sie stehen, wird ihnen – womöglich sehr grob – die „Beute“ abgenommen. Sie haben aber auch gelernt: Laufen sie weg, können sie ihre „Beute“ noch eine Weile behalten (oder fressen, wenn es etwas Essbares ist), und vielleicht spielt der Besitzer das lustige Jagdspiel mit ihnen. Eine „nachgereichte“ Bestrafung kann der Hund aufgrund der nicht eingehaltenen Assoziationszeit nicht mit der Handlung „Schuheklauen“ in Verbindung bringen, ist also sinnlos. Was nun? Der Hund muss lernen, dass eine x-beliebige Handlung ein „erfolgloses Unterfangen“ ist, wenn er dazu das Wort „Nein“ hört, und deshalb die Handlung unterbrechen. Das funktioniert jedoch nur nach einem sehr sorgfältigen und intensiven Training.

## Vorbereitung

Für die Auswahl des Unterbrechungswortes gilt quasi das Gleiche, was bei der Auswahl des Belohnungsworts beschrieben wurde. Sie müssen ein Wort wählen, das Ihnen nur in Zusammenhang mit einem unerwünschten Verhalten über die Lippen kommt, und zwar wirklich nur, wenn Sie – zumindest am Anfang – die Situation kontrollieren können (z.B. „Nein“, „Off“ oder „Pfui“). Der Vereinfachung halber wird nachfolgend „Off“ benutzt. Außerdem brauchen Sie etwas, was Ihr Hund gern haben will und was Sie selbst schnell und gut kontrollieren können, sodass er es nicht bekommt. Hier bieten sich Leckerli am besten an, da Spielzeug wegen seiner Größe schlechter zu kontrollieren ist.

Zur Vorbereitung gehört an dieser Stelle auch, sich noch einmal den Inhalt des Wortes „Off“ deutlich zu machen:

### *„Off“*

OFF bedeutet = Hör auf mit etwas, dafür bekommst du eine Belohnung. Wie ist das zu verstehen?

Der Hund wird z.B. für das Unterbrechen der Handlung „Ich versuche dieses Leckerli zu bekommen“ belohnt, indem er ein anderes Leckerli bekommt. Das Verhalten „Unterbrechen“ lohnt sich, er wird es in Zukunft wahrscheinlich wieder zeigen.

## Durchführung

### 1. Schritt: Nase weg

Sie halten Ihrem Hund auf der flachen Hand ein Leckerli mit kleinem Abstand vor die Nase. Wenn der Hund es von der Hand fressen will, sagen Sie deutlich (aber ruhig) Ihr Unterbrechungswort, schließen gleichzeitig die Finger um das Leckerli und ziehen die Hand schnell von der Hundenase weg. Dadurch entsteht eine gewisse Distanz zwischen Hand und Nase, und der Hund bekommt aus der anderen Hand ein Leckerli und dazu das Belohnungswort. Danach geht das Spielchen von vorn los. Ihr Ziel soll sein, dass der Hund bei dem Wort „Off" seine Nase selbstständig von der Hand wegnimmt und nicht mehr Sie derjenige sind, der den Abstand zwischen Nase und Hand erzeugt.

### 2. Schritt: „Off" in allen Lebenslagen

Nun können Sie das „Off" in weiteren Situationen üben. Wechseln Sie „Off-Hand" und „Belohnungshand". Oder legen Sie das Leckerli auf den Boden und stellen Sie einen Fuß bei „Off" darüber. Jetzt geht es nämlich darum, dass Sie Situationen zum Üben schaffen, in denen Sie das Objekt, für das sich der Hund interessiert und dem er sich annähert, selbst noch gut kontrollieren können.

*Versucht der Hund das Leckerli zu bekommen, sagen Sie „Off" und schließen die Hand.*

*Klappt die Übung aus der Hand, erfolgt die „Bodenarbeit".*

*Üben Sie später auch mit anderen „Verleitungen", zum Beispiel einem Spielzeug.*

*Bei „Off" soll der Hund aufhören, am Spielzeug zu ziehen.*

Das Training muss unbedingt so aussehen, dass Ihr Hund das Leckerli nicht „doch noch" erwischen kann. Entweder hat das „Off" funktioniert – und dann muss der Hund dafür auch belohnt werden –, oder es hat nicht funktioniert, aber dann ist Ihre Hand schnell genug am Objekt, um dem Hund den Erfolg zu verwehren.

### 3. Schritt: Neue Objekte und größerer Abstand

Wenn Sie auf diese Art und Weise tatsächlich diverse hundert Trainingseinheiten geübt haben, ändern Sie das Objekt der Begierde; jetzt kann es z.B. auch ein Spielzeug sein. Und Sie fangen leicht zeitlich versetzt an, so zu üben, dass Sie das Objekt nicht mehr so schnell kontrollieren können. Im Endeffekt soll Ihr „Unterbrechungswort" auf jede Entfernung und in jeder Situation funktionieren. Dazu muss es aber auch entsprechend trainiert worden sein.

### 4. Schritt: „Off" an der Leine

Hierzu gibt es eine weitere Übung, um den Übergang leichter zu machen. Ihr Hund soll das „Off" allerdings in den vorherigen Übungen schon richtig gut können und das „richtige" Verhalten zeigen. Nehmen Sie den Hund an die Leine und werfen Sie ein Leckerli oder ein Spielzeug wortlos (!) ca. zwei Meter vor seine Nase.

Wenn der Hund hinläuft, sagen Sie in das Hinlaufen hinein „Off". Rufen Sie das Wort unbedingt, bevor sich die Leine strafft. Die Leine soll erst beim „Überlaufen" des Unterbrechungswortes zum Einsatz kommen, denn das ist die Voraussetzung für das erfolgreiche Training ohne Leine. Wenn der Hund die Annäherung abbricht und sich sofort auf Sie konzentriert, wird er belohnt, und Sie üben die Situation an immer längerer Leine (also zunehmender Entfernung von Ihnen), an unterschiedlichen Orten und mit unterschiedlichen Objekten der Begierde. Wenn der Hund nicht bei „Off" abbricht, sagen Sie das Wort noch einmal, in dem Moment, in dem er die Leine straff zieht, um an das Leckerli zu kommen. Wichtig dabei ist, dass von Ihnen kein Leinenruck kommen darf, kein Zurückreißen oder Ähnliches. Die Leine ist einfach zu Ende. Machen Sie keinen Schritt nach vorn oder beugen den Oberkörper etc. Ihr Hund kann sich in die Leine hängen, um an das Leckerli zu kommen, aber er kommt nur bis auf 20–30 cm heran! Jedes Mal, wenn er jetzt versucht, ein kleines bisschen nachzurucken, oder die Leine in einem anderen Winkel zum Objekt der Begierde strafft, kommt Ihr „Off". Der Hund hat also nur Misserfolge: Er will etwas haben und kommt nicht heran – und das Signal für

*Rufen Sie „Off" bevor die Leine straff ist. Für das Abwenden gibt es eine Belohnung.*

diesen Misserfolg ist „Off". Sie müssen etwas Geduld haben und dieses Spielchen so lange mitmachen, bis der Hund aufgibt. Wenn er sich zu Ihnen umdreht nach dem Motto: „Was ist denn das nun wieder für ein blödes Spiel?", wird er belohnt. Erst jetzt hat er Erfolg und lernt: „Bei „Off" eine Handlung abzubrechen und sich auf Frauchen/Herrchen zu konzentrieren, bringt Erfolg."

### 5. Schritt: „Off" an der Schleppleine

Nehmen Sie den Hund nun an eine lange Schleppleine, um im entscheidenden Moment (sollte er das „Off" doch überlaufen) notfalls auf die Schleppleine treten zu können (siehe auch „Schleppleinentraining" Seite 112). Grundsätzlich sollten Sie aber immer so trainieren, dass Sie dieses Hilfsmittel immer seltener brauchen, Ihr „Off"-Signal also immer besser wird.

## 6. Schritt: Ohne Leine

Um sich aus der Leinenbenutzung beim Training des Unterbrechungsworts auszuschleichen, brauchen Sie für kurze Zeit eine Hilfsperson. Diese kann z.B. stumm mit einem tollen Leckerbissen in der Hand dastehen. Wenn Ihr Hund hinläuft, um an den Leckerbissen zu kommen, platzieren Sie Ihr „Off". Falls es nicht funktioniert, kann jetzt die Hilfsperson den Erfolg für Ihren Hund verhindern, indem sie sich kommentarlos wegdreht und zusieht, dass der Hund den Leckerbissen auf gar keinen Fall bekommt.

## Meideverhalten

Bei einigen Hunden könnte sich in bestimmten Situationen ein regelrechtes Meideverhalten einstellen, wenn die Motivation zu der von Ihnen als unerwünscht definierten Handlung nicht allzu groß ist. Z.B. könnte Ihr Hund einen Bogen um eine auf dem Boden liegende Salamischeibe machen, wenn er vorher mehrfach einen Misserfolg und Frustration erlebt hat, wenn er versucht hat, sich der Wurstscheibe zu nähern. Dieses Meiden der Situation sollte dann von Ihnen ganz besonders belohnt werden.

## Gehen Sie gewissenhaft vor

Für das Training des „Unterbrechungswortes" müssen Sie in den einzelnen Schritten langsam und vorsichtig vorgehen. Jedes zu schnelle Vorgehen oder Überlaufen eines einzelnen Schrittes wird Sie im Training zurückwerfen. Der Hund wird durch jeden kleinen Erfolg im Sinne von „Es klappt ja doch" motiviert werden, trotz „Off" ein bestimmtes Verhalten zu zeigen, es eben nicht abzubrechen.

Dieser Vorgang mag Ihnen jetzt vielleicht sehr langwierig erscheinen, um Ihrem Hund solch ein Signal beizubringen. Sie müssen sich aber darüber im Klaren sein, dass kein Hund der Welt von sich aus weiß, was „Pfui", „Nein" oder „Off" bedeutet. Es ist ein Teil einer Fremdsprache, die er im Zusammenleben mit dem Menschen lernt. Und er kann es nur aus einem situativen Zusammenhang heraus lernen. Man kann ihm die Bedeutung dieser Vokabeln nicht erklären – er kann sie nur über viele Einzelsituationen „begreifen lernen". Dies gilt im Übrigen auch für alle anderen Kommandos.

### Wenn es nicht klappt

Achten Sie hier auf Ihre eigene Art zu sprechen, wenn Sie z.B. gern leicht undeutlich sprechen, wäre eine Kombination „Nein" – „Fein" nicht günstig!

## Gehen an lockerer Leine

Ein Hund, der an der Leine zieht, konzentriert sich auf das Vorwärtskommen, Schnüffeln (Fährten?) oder Ähnliches. Es ist für den Besitzer oft schwer, den Hund zu motivieren, sich auf ihn zu konzentrieren, denn das Verhalten „Ich will vorwärts kommen" hat permanent Erfolg und wird belohnt: Der Hund kommt dorthin, wo er hinwill.

Gerade bei einem Jagdproblem ist das besonders ungünstig. Das ist ein Grund, warum ein Training „Gehen an lockerer Leine" dem Antijagdtraining vorgeschaltet werden sollte.
Ein anderer Grund ist die bei den Übungen zum unerwünschten Jagdverhalten eingesetzte Schleppleine. Um die Schleppleine sinnvoll einzusetzen, ohne dass dabei Hund oder Halter zu Schaden kommen, ist es nötig, dass der Hund sich nicht permanent mit voller Kraft „in die Riemen legt".

### Vorbereitung

Bevor Sie mit dem eigentlichen Training beginnen, sind noch einige Entscheidungen zu treffen.

» Möchte ich den Hund später an einem Geschirr oder am Halsband führen? Während des Trainings sollte der Hund beides tragen. Das eine „Kleidungsstück" dient der Benutzung im Alltag, daran wird vorübergehend noch das Ziehen in Kauf genommen, später wird es quasi nicht mehr benötigt. Das andere „Kleidungsstück" wird ausschließlich während des Trainings an der Leine befestigt, und damit darf der Hund niemals mehr erfolgreich vorwärts ziehen. Diese Einteilung ist zur Einhaltung der Konsequenz beim Training sehr wichtig (siehe Durchführung).

» Es ist sinnvoll, eine Seite festzulegen, an der der Hund künftig gehen soll, wenn er an der Leine ist. Wenn Ihr Hund ganz oft die Seite wechselt – und Sie ihm entsprechend folgen, indem Sie die Leine in die andere Hand nehmen oder sich drehen, folgen Sie dem Hund, doch es soll andersherum sein. Er wird dann auch während des Trainings in Versuchung geführt, ständig die Seite zu wechseln und Sie müssen sich neben der Vorwärts- und Rückwärtsbewegung auch noch auf Seitenwechsel einstellen. Da diese Übung viel Konsequenz und die dazu nötige Konzentration erfordert, sollte man sich nicht noch zusätzliche „Stolpersteine" einbauen.

Tipp

### Brustgeschirr für die Schleppleine

Bei den „Speziellen Übungen" wird das Geschirr für das Schleppleinentraining ausdrücklich empfohlen. Die Gründe dafür sind andere als beim „An-der-lockeren-Leine-Gehen"-Training.

## Durchführung

Während der Übung – und zu Beginn wirklich nur dann – befestigen Sie die Leine an dem „Kleidungsstück", an dem

*Bevor die Schleppleine eingesetzt wird, muss der Hund an lockerer Leine gehen können.*

der Hund später überwiegend gehen soll – im Folgenden wird davon ausgegangen, dass während des Trainings das Halsband benutzt wird.

### 1. Schritt: An lockerer Leine geht's weiter

Sie beginnen in einer ablenkungsarmen Gegend. Der Hund wird gelobt, wenn die Leine durchhängt. Loben geschieht hierbei verbal ohne regelmäßiges Leckerli, um den Bewegungsfluss nicht zu sehr zu stören – denn auch das Vorwärtskom men an sich ist schon eine gewisse Belohnung. Für eine längere „lockere" Strecke gibt es dann außer dem verbalen Lob auch mal ein Leckerli. Wenn der Hund zu schnell vorläuft und die Leine strafft, bleiben Sie stehen und warten bei straf-

*Wenn der Hund zieht, bleibt man einfach stehen. Erst wenn sich die Leine lockert, geht es weiter.*

fer Leine so lange, bis der Hund von allein die Leine lockert, zum Beispiel indem er sich setzen will oder sich nach hinten umsieht. Dann geht man sofort und zügig los und lobt, wenn die Leine locker ist.

All das passiert völlig wortlos, ohne Kommando. Allein die Tatsache, dass es nicht mehr vorwärts geht, wenn die Leine und das Halsband straff sind, wirkt bestrafend. Die Tatsache, dass der Mensch weitergeht, wenn die Leine locker ist, wirkt belohnend, denn der Hund kommt seinem Ziel einen Schritt näher. So verknüpft der Hund: „In die Richtung, in die ich gern möchte, komme ich nur, wenn ich dafür sorge, dass es mir nicht am Hals drückt."

Der Hund soll lernen, dass es sich lohnt, an lockerer Leine zu gehen, denn nur dann kommt er überhaupt voran. Beginnen Sie mit ganz kurzen Strecken. Bei einigen Hunden reichen schon 10 Meter. Üben Sie lieber öfter, als den Hund am Anfang mit langen Strecken zu überfordern.

### 2. Schritt: Strecke verlängern

Steigern Sie bei wenig Ablenkung langsam die Länge der Strecke. Bei längeren Strecken sollten Sie nicht vergessen, den Hund zwischendurch verbal oder mit Leckerli zu belohnen.

### 3. Schritt: Ablenkung steigern

Wie bei den vorherigen Übungen steigern Sie die Ablenkung nur langsam.

## 4. Schritt: Bögen und Wendungen einbauen

Sie können die Konzentration des Hundes, die Leine locker zu halten, steigern, indem Sie Bögen oder Wendungen einbauen, sobald der Hund geradeaus zuverlässig an lockerer Leine geht. Für Wendungen gehen Sie zunächst langsamer und halten den Hund an kürzerer Leine enger bei sich. Da der Hund gelernt hat, auf die lockere Leine zu achten, wird er Ihnen bei langsamen Wendungen „weg vom Hund“ (Sie drehen sich um die Seite, an der Sie den Hund nicht führen) folgen. Bei Wendungen „zum Hund“ schieben Sie ihn zwangsläufig anfangs leicht mit Beinen oder Körper weg. Wenn dies vorsichtig geschieht, lernt der Hund, selbst zu wenden. Für schnellere Wendungen empfiehlt es sich, dem Hund ein Kommando („Rechts“, „Links“) zu geben, damit Sie Ihren unvorbereiteten Hund nicht überrennen.

Tipp

***Leinenrucke nutzen nichts***

Starkes schnelles Leinenrucken sollte unterbleiben, da es dem Hund die Unterscheidung erschwert, worum es bei dieser Übung tatsächlich geht.

## Wenn es nicht klappt

» Überprüfen Sie Ihre Konsequenz hinsichtlich des Einsatzes von Halsband und Geschirr. Jeder Meter, den Ihr Hund erfolgreich am Halsband ziehend voran kommt, wirft Sie im Training zurück.

» Manche Hunde bewegen sich an der Leine so schnell vorwärts, dass sie regelrecht in die Leine hineinspringen. Das passiert besonders, wenn die Leine lang gehalten wird. In diesen Fällen ist es sinnvoll, die Leine so kurz zu halten, dass der Hund neben Ihnen geht. Ihr Stehenbleiben beim Straffen der Leine (durch den Hund) überträgt sich dann genauer.

» Einige Hunde sind so sehr an ihrer Umgebung interessiert, dass sie nur voran wollen. In diesen Fällen sollte die Anzahl der Leckerligaben erhöht werden, um die Konzentration mehr auf Sie beziehungsweise das „Geschehen" an der Leine zu lenken. Das kann im Einzelfall bedeuten, dass Ihr Hund nach 50 cm an lockerer Leine sein erstes Leckerli bekommt. Vielleicht müssen Sie in den ersten Tagen die Übungsstrecke auf diese Weise (alle 50 cm ein Leckerli!) zurücklegen. Erst wenn das gut klappt, vergrößern Sie den Abstand der Leckerligabe auf z.B. 1 m, dann auf 2 m etc. Es kommt dabei nicht so sehr auf die Länge der Gesamtstrecke an, sondern vielmehr darauf, dass Ihr Hund den Weg tatsächlich ohne zu ziehen geht.

» Das Training „lockere Leine" gehört zu den schwierigsten Übungen überhaupt. Viele Hunde haben schon eine ganze Zeit gelernt, dass sie vorwärts kommen, wenn sie ihre Körperkraft einsetzen. Es kann dann sehr lange dauern, bis ein Hund lernt, dass ihn nur „Nichtziehen" voranbringt. Außerdem erfordert das Training auch von Ihnen als Besitzer sehr viel Konzentration, denn die Genauigkeit von „Stehenbleiben" und „Weitergehen" ist für den Trainingsfortschritt bestimmend.

*Dieser Beagle hat schön gelernt, an der lockeren Leine zu gehen.*

Spezielles Training
gegen unerwünschtes

# Jagdverhalten

# Management

Wenn mit Trainingmaßnahmen gegen ein Problem begonnen wird, steht das Vermeiden des Problems an erster Stelle. Solange Sie dabei sind, intensiv am Jagdproblem Ihres Hundes zu arbeiten, darf er keine Möglichkeit zum unkontrollierten Jagen haben.

## Grundlagen sind wichtig

Die nun folgenden Übungen bauen auf dem auf, was in den vorherigen Kapiteln zum Grundgehorsam beschrieben und von Ihnen bereits erarbeitet wurde. Diese Grundlagen müssen unbedingt vorhanden sein, wenn Sie mit dem speziellen Training beginnen. Ohne ein im Alltag gut etabliertes Aufmerksamkeits- und Rückrufsignal lässt sich keine erfolgreiche Kontrolle des unerwünschten Jagdverhaltens erzielen und erst recht keine Abschwächung. Der Begriff „Abschwächung“ wird hier bewusst benutzt, denn ein totales Verschwinden (eine komplette Löschung) solch eines selbstbelohnenden Verhaltens aus dem Verhaltensrepertoire Ihres Hundes ist so gut wie unmöglich. Das Ziel einer kompletten Löschung sollten Sie sich also für Ihr Training weder selbst stellen noch von anderen einreden lassen. Der daraus resultierende Misserfolg würde Sie nur frustrieren und vielleicht dazu führen, dass Sie die Arbeit mit Ihrem Hund komplett abbrechen.

## Jagderlebnisse vermeiden

Unkontrolliertes Jagen müssen Sie durch Managementmaßnahmen vermeiden, denn jedes „beglückende“ Jagderlebnis wird Sie im Training meilenweit zurückwerfen. „Management“ kann bedeuten, dass Sie vorübergehend auf einige lieb gewonnene Gewohnheiten verzichten müssen und dass Sie höchstwahrscheinlich Ihre Tages- und Wochenpläne umstellen müssen. Sehen Sie dies als eine Investition in die Zukunft; als eine vorübergehende Einschränkung Ihrer Lebensqualität, die sich später doppelt und dreifach auszahlt.

## Der Management-Plan

Im Folgenden sind einige Punkte aufgelistet, die unter der Überschrift „Management" bedacht werden sollten. Uns ist bewusst, dass im Alltag jedes Hundebesitzers die unterschiedlichsten Sachzwänge auftreten, die das Umsetzen dieser Punkte einschränken oder verhindern. Aber versuchen Sie trotzdem, das Unmögliche möglich zu machen. Das einzige, was Sie dabei bedenken müssen, ist der Punkt, dass Ihr Hund weiterhin artgerecht und seinen Bedürfnissen entsprechend leben kann. Genau aus diesem Grund liegen Stress und Anstrengung bei der Durchführung der Managementmaßnahmen auch bei Ihnen.

» Gehen Sie mit Ihrem Hund für die „normalen Hundegänge" nicht in der Dämmerung spazieren, sondern entweder am hellen Tag oder in dunkler Nacht. In der Dämmerung ist die Chance am größten, dass Sie auf Wild treffen.
» Gehen Sie nicht an Orten spazieren, an denen bekanntermaßen Wild steht oder an denen Ihr Hund schon einschneidende Jagderlebnisse hatte.

» Gehen Sie zur Not allein Gassi, damit Sie nicht durch nette Gespräche abgelenkt sind und das Beobachten Ihres Hundes vergessen.
» Gehen Sie nicht mit Hundehaltern spazieren, deren Hunde ähnliche Probleme haben. Die Hunde beeinflussen sich gegenseitig im Erregungslevel und steigern sich unter Umständen in eine „fröhliche Gruppenjagd" hinein.

» Lassen Sie Ihren Hund an Orten angeleint, wo auch nur die geringste Chance auf Wildbegegnungen oder Fährten besteht, und lassen Sie ihn keine Fährten aufnehmen.
» Gehen Sie nicht angespannt mit hochgerecktem Hals durchs Gelände, um das Wild zur Not vor Ihrem Hund zu entdecken. Sie veranlassen damit in der Regel Ihren Hund nur, ganz besonders nach Wild Ausschau zu halten.
» Planen Sie gegebenenfalls längere Spaziergänge, Radtouren (angeleint) oder intensive Spielphasen mit anderen Hunden auf sicherem Terrain ein, damit Ihr Hund sein Bewegungsbedürfnis befriedigen kann. Denken Sie gerade beim angeleinten Hund auch daran, dass Sie ihn an Markierungen schnüffeln lassen müssen – geben Sie ihm und sich die Zeit, die er dafür braucht.

### Was hat er in der Nase?

Beim Schnüffeln kann es Überschneidungen mit dem Erkunden von Wildspuren (Fährten) geben. Grundsätzlich gehört zum Management, den Hund nicht an Fährten schnuppern zu lassen. Es gibt aber keine einfache Faustregel, wie Sie erkennen können, woran er gerade schnuppert. Wenn Sie in einem üblichen Hundeauslauf oder Wohngebiet spazieren gehen, hat er vermutlich eher die Duftspur eines anderen Hundes in der Nase; wenn Sie in einem Waldgebiet mit zahlreichen Wegen spazieren gehen, auf denen sich Hundebesitzer eher verlaufen, ist es mit größerer Wahrscheinlichkeit eine Wildspur. Fährten eines Wildtieres werden eher am Boden erschnuppert, und der Hund zeigt relativ schnell eine Vorwärtstendenz entlang der möglichen Fährte. Handelt es sich um eine Duftspur, die ein Wildtier mit seinem ganzen Körper hinterlassen hat (Sasse, Liegeplätze etc.), sehen Sie zumeist auch Spuren davon auf dem Boden, z.B. niedergedrücktes Gras. Duftspuren eines anderen Hundes befinden sich entweder am Boden und/oder leicht in der Höhe. Hunde stehen hier länger auf einem Fleck und erkunden Boden und höhere Objekte (Busch, Stamm etc.) von mehreren Seiten intensiv. Es kommt kaum zum „Festsaugen" an der Spur mit Verfolgen. Dies kann man höchstens bei einigen unkastrierten Rüden zu Zeiten der Läufigkeit beobachten. Genau diese werden bei der Spur einer Hündin auch den gleichen gesteigerten Erregungslevel zeigen, der viele Hunde auf der Wildspur auszeichnet. Ansonsten beschnuppern Hunde Spuren anderer Hunde, im Vergleich zur Wildspur, deutlich neutraler. Wenn Sie im Zweifel sind, woran Ihr Hund gerade schnuppert, unterbrechen Sie lieber und gehen danach gezielt in ungefährliches Terrain, um ihm Kontakt mit anderen Hunden direkt und per Duftspur zu ermöglichen.

## Verpatztes Management

Unter einem „verpatzten Management" verstehen wir eine Situation, die eigentlich hätte vermieden werden sollen und dann trotzdem eintritt. Sie treffen zum Beispiel zufällig auf einem Spaziergang eine/n bekannte/n Hundehalter/in und lassen sich auf ein kurzes Gespräch ein. Dadurch sind Sie abgelenkt und Ihr Hund kann einem auffliegenden Vogel unkontrolliert in die Leine hinein hinterherspringen. Wären Sie nicht abgelenkt gewesen, hätten Sie den Vogel vermutlich eher gesehen und die Leine frühzeitig so kurz nehmen können, dass der Hund zumindest nicht so stark hineingesprungen wäre.

# Hilfsmittel

Parallel zum Management ist es wichtig und sinnvoll, sich Gedanken zu den Hilfsmitteln zu machen, die man im Training einsetzen möchte oder muss. In diesem Abschnitt werden die gängigen Hilfsmittel kurz vorgestellt. Bei den einzelnen Trainingsschritten wird dann jeweils auf die speziellere Anwendung eingegangen.

## Halsband, Leine und Konsorten

Das wichtigste Hilfsmittel im Training gegen unerwünschtes Jagdverhalten ist die Leine. Sie hilft Ihnen zunächst einmal, den Hund zu kontrollieren und Ernstfälle zu verhindern, um damit Möglichkeiten zu schaffen, unter denen Sie überhaupt trainieren können. Zwei Dinge sind hierbei unabhängig von der Leinenlänge zu beachten: Zum einen muss die Leine stabil sein und sie muss in Dicke und Gewicht zur Hundegröße passen. Grundsätzliche Schwachstellen („Sollbruchstellen“) bei einer Leine sind immer die Ansatzpunkte für Karabiner und Ringe. Nehmen Sie hier unbedingt Leinen, bei denen diese Bereiche genäht oder gespleißt sind. Genietete Ansatzstellen sind bei breiten Leinen einigermaßen belastbar, wenn das Leinengewebe selbst intakt ist und die Nieten nicht verrostet sind. Bei schmalen genieteten Leinen oder generell bei altem, brüchigem Material können Sie allerdings unangenehme Überraschungen erleben, sollte der Hund kräftig in die Leine springen.

*Je größer und schwerer der Hund, desto stabiler muss die Leine sein.*

*Der Zug der Leine setzt beim Brustgeschirr zwischen oder sogar hinter den Schulterblättern an.*

## Brustgeschirr

Wenn Sie mit den speziellen Übungen gegen unerwünschtes Jagdverhalten beginnen, sollte der Hund an das Tragen eines Brustgeschirrs gewöhnt sein. Spätestens jetzt, aber auch schon beim verpatzten Management, kann es vorkommen, dass der Hund heftiger in die Leine springt. Wenn die Leine dabei am Halsband festgehakt ist, würden Kehlkopf und Halswirbelsäule stark belastet werden. Um keine Verletzungen zu riskieren, sollte die Leine für das spezielle Training zunächst am Brustgeschirr eingehakt werden. Das Halsband würde erst nach einigem Trainingsfortschritt wieder Verwendung finden.

### Halsband oder Brustgeschirr?

Teilweise wird sehr dogmatisch um „Halsband oder Brustgeschirr" gestritten – wir sehen das Ganze, abgesehen vom Gesundheitsaspekt, eher pragmatisch. Ein gut sitzendes Brustgeschirr hat den Vorteil, dass der Hund es nicht so leicht abstreifen kann wie ein Halsband (obwohl es auch hier „Spezialisten" gibt). Mit einem gut sitzenden breiten Halsband hat man dagegen in bestimmten Situationen eine vorteilhaftere Einwirkmöglichkeit, da man den Kopf des Hundes besser kontrollieren kann. Beim Geschirr setzt der Zug erst zwischen oder sogar hinter den Schulterblättern an, und der Hund kann sich mit mehr Spielraum

*Bei einem Halsband dieser Breite sollte der Hund gelernt haben, nicht zu stark zu ziehen.*

um sich selbst drehen. Zudem können einige Hunde empfindlich auf die Bewegungseinschränkung nach vorn im Buggelenk reagieren. Gerade beim Training gegen unerwünschtes Jagdverhalten ist aber der alles dominierende Vorteil des Brustgeschirrs das reduzierte Verletzungsrisiko im Halsbereich; deshalb wird es von uns hierbei benutzt.

## Der perfekte Sitz

Ein gut sitzendes Halsband ist flach, aus Leder oder Kunststoff und sollte mindestens eineinhalb Halswirbel breit sein, wenn regelmäßig leichter Druck oder Zug darüber ausgeübt wird. Dies ist z.B. bei untrainierten Hunden der Fall. Je weniger das Halsband dann später zum Führen des Hundes „gebraucht" wird, desto schmaler darf es theoretisch auch sein. Das Halsband sollte so sitzen, dass es dem Hund beim Rückwärtsgehen nicht einfach über die Ohren rutscht; auf der anderen Seite sollten mindestens drei Finger problemlos daruntergeschoben werden können. Eine vernünftige Halsbandbreite z.B. für einen Hund in Cockergröße wären zwei bis drei Zentimeter, für einen Schäferhund vier bis fünf Zentimeter.

Ein gut sitzendes Brustgeschirr ist flach und sitzt locker auf dem Fell, ohne zu kneifen und ohne zu schlackern oder zu scheuern. Es sollte einfach an- und auszuziehen sein und es darf die Aktion der Vorderbeine nicht behindern.

### *Unnötige Hilfsmittel*

Brustgeschirre mit Zugwirkung unter den Achseln, ungestoppte Würgehalsbänder oder Stachelhalsbänder verwenden wir aus Tierschutzgründen nicht.

Haltis haben unserer Erfahrung nach beim Training gegen unerwünschtes Jagdverhalten nur einen sehr begrenzten Einsatzbereich für wenige spezielle Hunde. Deshalb werden wir auf den Einsatz dieses Hilfsmittels hier nicht weiter eingehen. Falls Sie mit einem Halti arbeiten wollen, sollten Sie eine praktische Übungsstunde mit einem Trainer oder einer Trainerin verabreden.

## Kurze Leine

Eine kurze Leine (bis 2 m) aus Leder oder Kunststoff sollten Sie bei den normalen Spaziergängen unter Berücksichtigung der Managementmaßnahmen nehmen, es sei denn, Sie sind schon gut in das Handling einer Schleppleine eingearbeitet. Die kurze Leine wird außerdem am Anfang der einzelnen, unten beschriebenen, gezielten Trainingsmaßnahmen eingesetzt, um Ihnen die ersten Schritte zu erleichtern.

## Flexileine

Flexileinen sind beim Training gegen ein Jagdproblem nicht zu empfehlen. Viele Besitzer solcher Problemhunde benutzen sie gern, weil sie meinen, damit dem Hund mehr Bewegungsradius und damit mehr Freiheit geben zu können. Für einen gut gehorchenden und leinenführigen Hund mag dies auch stimmen, wenn man mit ihm in Gegenden spazieren geht (gehen muss), in denen Anleinpflicht herrscht. Ansonsten verschlimmern sie eher die bestehenden Probleme. Die Flexileine ist beim „normalen Gehen" permanent unter einer leichten Spannung. Der Hund lernt, gegen diese Spannung anzuziehen, um voranzukommen. Der Erfolg des Ziehens stellt sich zwangsläufig bei jedem Schritt ein, und so überträgt der Hund das Ziehen bald auf jede Leine. Eine gute Leinenführigkeit, also ein manierliches und kontrolliertes Gehen an lockerer Leine, wird

als Ziel immer unerreichbarer. Die Flexileine hat aber auch noch einen anderen Nachteil. Sie gibt dem Hund unter Umständen einen sehr großen Radius um den Besitzer. An der Radiusgrenze kann der Hund ungestört „seinen Spaß im Wald haben". Er kann z.B. plötzlich hinter einem Stück Wild herrennen und kommt auch noch einige (oder viele) schnelle Schritte weit, bevor der Besitzer reagiert. Unabhängig von der Größe des Hundes besteht bei solch einem plötzlichen Losstürmen immer ein Verletzungsrisiko für ihn selbst, die Besitzer oder andere Menschen. Der Hund kann sich den Hals verletzen, Menschen können umgerissen werden oder über die dünne Leine in Kniehöhe stolpern. Viele Besitzer haben sich auch schon massiv die Handinnenflächen verletzt, als sie spontan versuchten, die dünne Leine zu greifen und festzuhalten.

*Die Schleppleine wird oben am Brustgeschirr befestigt und hängt neben dem Hund herunter.*

## Schleppleine

Schleppleinen sind lange Leinen ohne Haken, Schlaufen oder Ösen. Es gibt sie aus Leder oder Kunststoff, entweder rund oder flach. Sie tragen diesen Namen, weil der Hund sie im Gelände hinter sich herschleppt. Auch diese Leine sollte in Dicke und Länge zum Hund passen. Eine 10 m lange Leine, die dann eventuell einen Durchmesser von einem Zentimeter hat, wiegt einiges. Der Hund sollte die Leine immer leicht hinter sich herziehen können. Wenn Sie bemerken, dass er sich permanent umguckt, mit dem Hinterteil leicht seitlich versetzt läuft oder sogar richtig dagegen anzuziehen scheint, ist die Leine mit Sicherheit zu schwer. Auf der anderen Seite darf die Leine nicht so dünn und leicht sein, dass Sie sie nicht mehr vernünftig in der Hand halten können; und sie muss reißfest sein, sie muss das Gewicht Ihres Hundes auch aushalten, sollte er mit Wucht hineinspringen.

### *Schleppleinen als Meterware*

Wir verwenden am liebsten die breiteren flachen Leinen. Sie lassen sich gut greifen und man kann besser drauftreten. Wir kaufen unsere Leinen zumeist im Baumarkt. Hier bekommt man sie als Meterware und erhält meist noch eine Information zur Belastbarkeit. Dazu gibt es dann die entsprechenden Karabinerhaken zu kaufen.

# Das Schleppleinentraining

Die Schleppleine tritt auf den Plan, wenn das Training auf größere Distanz ausgeführt werden soll, sozusagen als Vorbereitung auf den Tag, an dem der Hund durch gar keine Leine mehr abgesichert ist, um ihn gegebenenfalls vom Jagen abzuhalten.

## Immer schön locker

Die Leine sollte immer nur so viel Spannung haben, wie durch den Widerstand des Bodens und das Gegenanziehen des Hundes erzeugt wird. Anfangs halten Sie die Leine in der Hand, achten dabei aber sorgfältig darauf, dass sie immer locker ist; später im Training zieht der Hund die Leine tatsächlich frei hinter sich her.

„Locker" bedeutet, dass die Leine sich nicht so straffen darf, dass der Hund einen deutlichen Widerstand am Hals spürt. Wenn Sie die Leine noch in der Hand halten, müssen Sie sich so bewegen, dass der größte Teil davon über den Boden schleift und Sie selbst keinen Zug spüren. Die Leine sollte nie komplett vom Boden abheben, denn dann hätte sie zu viel Spannung. Das spezielle Arbeiten mit der Schleppleine ist später bei den einzelnen Trainingsansätzen beschrieben. Hier soll sie zunächst nur grundsätzlich vorgestellt werden.
Für bestimmte Hunde und/oder bestimmte Probleme ist ein Schleppleinentraining nicht ratsam. Hierauf wird bei den speziellen Übungen genauer eingegangen.

*Örtlichkeit und Trainingszustand erlauben es nicht, die Leine am Boden schleifen zu lassen.*

## Gewöhnung für Hund und Mensch

Vor dem eigentlichen Einsatz muss der Hund erst einmal lernen, sich mit dem „Ding" zu arrangieren und nicht draufzutreten. Hier ist das Brustgeschirr von Vorteil, denn durch den Ansatzpunkt der Leine verringert sich das Risiko, dass der Hund zu oft drauftritt. Gehen Sie vor Beginn des speziellen Trainings zunächst einige Male mit angehängter Schleppleine in ruhigen, ablenkungsarmen Gegenden spazieren.

Im Gegensatz zur Arbeit mit der kurzen Leine lauert bei der Arbeit mit Schleppleine durchaus ein größeres Gefahrenpotenzial. Daher sollten Sie den Umgang mit der Schleppleine schon vor dem eigentlichen Trainingsbeginn üben. Sie halten die Leine ungefähr im letzten Drittel und benutzen zur Not beide Hände, um sie immer in der nötigen Länge zu halten.

Wenn Sie erwarten, dass der Hund plötzlich vorspringen könnte, lassen Sie die Leine niemals locker durch die Hand laufen, sondern wickeln sie sich diese wie unten abgebildet über Hand und Ellenbogen. Diese Handhabung bietet sich besonders bei schwachen Handgelenken oder vorgeschädigten Ellenbogen an.

**Tipp**

***Tragen Sie Handschuhe***

Tragen Sie bei der Arbeit mit der Schleppleine immer Handschuhe. Ihre Handinnenflächen werden es Ihnen danken.

## Dicke und Länge dem Hund entsprechend

Wie bereits gesagt, gibt es Schleppleinen in unterschiedlichen Längen und Dicken. Grundsätzlich sollte die Leine umso dicker (und damit stabiler) und kürzer sein, je größer und schwerer der Hund ist. Eine dickere Leine lässt sich besser greifen als eine dünne. Bei einer kürzeren Leine machen sich die Hebelwirkungen nicht so stark negativ bemerkbar. Je länger die Leine ist, desto mehr Zugkraft kann der Hund entwickeln und desto leichter reißt er den Menschen am anderen Ende womöglich von den Füßen.

## Die Leine dient als Grenze

Im Training sollten weder die normale Leine noch die Schleppleine dazu verwendet werden, den Hund zu manipulieren. Sie dirigieren ihn einzig über Ihre Kommandos. Die Leine dient als Sicherheitsfaktor, sollten die Kommandos versagen. Die Leine bedeutet für den Hund die maximale Grenze, über deren Radius er nicht hinauslaufen kann. Sie dient einzig und allein zur Absicherung, z.B. wenn plötzlich Wild aufspringt. Benutzen Sie die Leine nie, um Ihrem gerufenen Signal Nachdruck zu verleihen, z.B. indem Sie daran schütteln oder kurz rucken. Wird die Leine straff, dann nur, weil der Hund hineingelaufen oder -gesprungen ist. Hat er vorher schon ein ausreichendes Leinentraining für den Alltagsgehorsam absolviert, wird er nur selten massiv einspringen, denn er kennt die Grenzen bereits. Er wird vermutlich nur dann hineinspringen, wenn er in eine hohe Erregungslage gerät. Und das sollten Sie im Training vermeiden. Hohe Erregungslagen bedeuten einen hohen Stresslevel und starker Stress ist ein Lernkiller.

## Üben Sie das Handling

Wie schon erwähnt, darf die Schleppleine nur unter Spannung stehen, wenn der Hund hineingelaufen ist.

Um diesen Moment aufzufangen, halten Sie den Arm, der die Leine hält, immer eng am Körper. Wenn Sie Oberarm und Ellenbogen seitlich eng an den Brustkorb drücken, können Sie die Zugwirkung deutlich besser auffangen als bei einem frei schwingenden Arm. Vermutlich werden Sie durch den Zug ein klein wenig mitgehen, um ihn auszupendeln. Das lässt sich leider nicht ganz vermeiden. Wenn Sie die Schleppleine in der Hand halten (ohne diese über den Ellenbogen zu fixieren), sollten Sie diese beim vorstürmenden Hund mit etwas Widerstand ein Stück durch die Hand laufen lassen, bevor Sie fest zugreifen. Dadurch wird der Ruck am Ende des Hundes etwas abgebremst. Auch Ihr Arm leidet nicht ganz so sehr.

Machen Sie sich einen Knoten ins Ende der Schleppleine und einen weiteren ca. 50 Zentimeter, bevor das Ende erreicht ist; so merken Sie rechtzeitig, wann die Leinenlänge ausgereizt ist, und können auch besser zufassen, bevor sie Ihnen durch die Hände gleitet. Aber auch für die Schleppleine gilt: Der Hund sollte nicht zu viele Schritte ungehindert hinter einem Stück Wild herlaufen dürfen. Am besten üben Sie den Umgang mit der Schleppleine zunächst in ungefährlicher Umgebung und fangen mit einer kürzeren Leine (bis 5 m) an, bevor Sie sich an eine längere wagen. Wenn das Leinenhandling ohne Ablenkungen klappt, sollten Sie in einer kontrollierten Umgebung das Abbremsen des hineinspringenden Hundes einige Male üben.

allerdings einen guten Grundgehorsam haben. Wenn Ihr Hund jetzt mit den anderen Hunden loslaufen möchte, können Sie ihn vorsichtig durch die Leine bremsen. Währenddessen sollten die Be-

*Die Schleppleine sollte sich nur dann straffen, wenn der Hund hineingelaufen ist; der Mensch sollte nie daran rucken und zerren.*

So bekommen Sie ein Gefühl dafür, wie viel Kraft Ihr Hund ausübt, wenn er losstürmt, und wie Sie am besten damit umgehen. Am besten können Sie so etwas beim Spaziergang mit anderen, befreundeten Hunden üben. Diese sollten

sitzer der anderen Hunde diese zu sich rufen. Können sich die anderen Hunde in diesem Moment frei bewegen, werden sie Ihren Hund unter Umständen zum Mitlaufen animieren, und dies wäre an der straffen Schleppleine problematisch.

# Kontrolle über Aufmerksamkeit

Wenn Sie die Aufmerksamkeit Ihres Hundes in allen Lebenslagen bekommen können, haben Sie schon viel erreicht, denn ein Hund, der Sie auf Kommando hin ansieht, kann nicht gleichzeitig die Beute im Auge behalten oder die Nase auf die Fährte drücken.

## Sinn und Zweck

Wenn der Hund Ihnen Aufmerksamkeit schenkt, haben Sie eine größere Chance, weitere Kommandos wie z.B. den Rückruf erfolgreich zu platzieren.
Bedingung ist, dass der Hund das Aufmerksamkeitskommando schon gut im Alltag beherrscht. Nun üben Sie es gezielt im gefährlichen Terrain weiter – also dort, wo das Problem auftauchen könnte.

## Grundsätzliches zum Training

Geben Sie Ihr Kommando dann, wenn der Hund durch Umwelteinflüsse abgelenkt ist, z.B. wenn er am Boden schnuppert, wenn er sich für ein Mauseloch interessiert oder auf ein Geräusch im Unterholz reagiert. Belohnen Sie korrektes Reagieren (= Umgucken in Ihre Richtung) anfangs noch regelmäßig.

Haben Sie Ihr Trainingsziel erreicht, gehen Sie zur variablen Belohnung über (siehe Seite 68). Das Trainingsziel kann sein, dass Ihr Hund auf einer Entfernung von fünf Metern mit 98-prozentiger Sicherheit auf Ihr Kommando reagiert, auch wenn er sich zuvor sehr intensiv für einen anderen Reiz (Mauseloch etc.) interessiert hatte. Trainieren Sie an verschiedenen Orten und überprüfen Sie, ob Sie das Ziel erreicht haben. Nur so können Sie sicher sein, dass das Kommando generalisiert wird. Falls der Hund kein Interesse an Ihrem Leckerli hat, nachdem er Sie angesehen und das Belohnungssignal (z.B. „Fein" oder Click) erhalten hat, sondern lieber weiterbuddeln möchte, ist das zunächst nicht schlimm, sofern es nicht zur Regel wird. Auch das Weiterbuddeln dürfen ist eine Form von Belohnung. Kommt es allerdings häufiger vor,

*Der Hund soll sich aus der Vorwärtsrichtung auf Kommando zu Ihnen umdrehen. Was bei einem Meter Entfernung selbstverständlich ist, wird bei fünf Metern zur Kür.*

müssen Sie in anderen, ablenkungsärmeren Trainingssituationen wiederholt die enge Kopplung von Belohnungssignal und Belohnung (Leckerli) üben, damit diese Verknüpfung nicht verloren geht.

## Durchführung

Anfangs ist der Hund an der kurzen Leine. Sie geben Ihr Aufmerksamkeitskommando immer mal wieder während des Spaziergangs. Es erfolgt dann, wenn der Hund Sie nicht gerade anschaut, sondern wenn er sich mit etwas anderem beschäftigt. Üben Sie ruhig oft, aber ohne erkennbares Schema. Dabei steigern Sie den Ablenkungsgrad langsam. Ein Beispiel für eine graduelle Steigerung wäre:

### 1. Schritt: Schau her an kurzer Leine

Ihr Hund fokussiert etwas mit erhobenem Kopf in der Ferne. Sie belohnen das Umgucken auf Kommando sofort und regelmäßig. Weitere Ablenkungen, z.B. andere Hunde, sind nicht vorhanden. Benutzen Sie Ihr Aufmerksamkeitskommando nur in diesen Situationen. Sind andere Ablenkungen zugegen, wird es nicht gerufen. Wenn diese Übung pro Spaziergang insgesamt 20-mal und an mindestens drei verschiedenen Orten zuverlässig klappt, beginnen Sie mit dem nächsten Schritt.

### 2. Schritt: Größere Ablenkung und variable Belohnung

Achten Sie auf Ihren Hund. Als Nächstes geben Sie Ihr Aufmerksamkeitskommando, wenn er sich intensiv mit etwas „Erkennbarem“ beschäftigt, z.B. am Boden schnüffelt, und belohnen Sie jedes korrekte Verhalten. Parallel üben Sie weiterhin Ihr Aufmerksamkeitskommando, wenn er mit erhobenem Kopf fokussiert. Jetzt belohnen Sie aber nicht mehr jedes korrekte Verhalten, sondern gehen in die variable Verstärkung über.

## 3. Schritt: Die Ablenkungs-Hitliste

Nach diesem Prinzip üben Sie dann mit immer konkreteren/spannenderen Ablenkungen. Erstellen Sie eine Liste, welche Dinge Ihren Hund nicht so interessieren und welche er absolut spannend findet. Nach dieser Liste bauen Sie das Training auf: Erhöhen Sie langsam den Schwierigkeitsgrad von „eher langweilig" bis hin zu „superspannend". Beziehen Sie alles in Ihr Training ein. „Superspannend" kann auch der Nachbar, der Hundefreund oder der geworfene Ball sein. Und vergessen Sie nicht, die schon trainierten, eher langweiligen Ablenkungen weiterhin zu üben. Bei den „Langweilern" arbeiten Sie mit variabler Belohnung, d.h. in Situationen, in denen das Ablenkungskommando gut funktioniert, gibt es nur noch ab und zu ein Leckerli. Sie dürfen aber auch nicht zu selten belohnen, sonst wird der Trainingserfolg rückläufig. Das ist von Hund zu Hund verschieden. Bei einigen muss fast jede zweite korrekte Reaktion belohnt werden, bei anderen reicht es ungefähr bei jeder vierten.

*Der Hund schnüffelt an einem superspannenden Geruch (oben).*
*Auf das Signal dreht er sich zügig um (Mitte).*
*In die „fliegenden Ohren" hinein kommt das „Fein" (unten).*

### 4. Schritt: Spannung steigern

Wenn das Aufmerksamkeitskommando an kurzer Leine bei variabler Verstärkung und mäßig spannenden Ablenkungsreizen regelmäßig erfolgreich platziert werden kann, kommt die Schleppleine ins Spiel. Jetzt trainieren Sie den gleichen Ablauf, wie zuvor beschrieben (Schritt 1–3), mit größer werdendem Abstand zwischen sich und Ihrem Hund. Gleichzeitig arbeiten Sie sich an der kurzen Leine bis zu einem „superspannenden“ Ablenkungsreiz vor, um hier, nach Einführung der variablen Verstärkung, auf die Schleppleine umzusteigen.

### 5. Schritt: Schleppleine loslassen

Halten Sie die Schleppleine anfangs immer locker in der Hand. Erst wenn das Aufmerksamkeitskommando bei superspannender Ablenkung gut funktioniert, können Sie die Leine aus der Hand geben: Jetzt schleift sie hinter dem Hund her. Nun sollten Sie Ihrem Hund so folgen, dass Sie im Ernstfall möglichst zügig auf das Leinenende treten können. Das bedeutet zum Beispiel bei einer 5 Meter langen Leine, dass Ihre Entfernung zum Hund zwischen 3,5 und 4 Meter beträgt.

Tipp

**_Leckerli abholen_**

Beim Schleppleinentraining ist es besonders wichtig, dass Sie nach dem Belohnungssignal nicht mit dem Leckerli zum Hund gehen. Halten Sie das Leckerli so, dass es für den Hund leicht erreichbar ist, aber er muss sich in Bewegung setzen und es bei Ihnen abholen. Dieses Verhalten brauchen Sie später, um vom reinen Aufmerksamkeitstraining in ein Rückruftraining überzugehen.

## Wenn es nicht klappt

» Wenn Ihr Hund in einer individuellen Trainingsphase nicht korrekt auf das Kommando reagiert, wiederholen Sie es maximal einmal. Reagiert er auch dann nicht, brechen Sie die Übung ab und begeben Sie sich auf Fehlersuche. „Fehleranalyse“ bedeutet, dass Sie überlegen, woran das Nichtbefolgen des Kommandos gelegen haben mag. Wurde die Ablenkung eventuell zu schnell gesteigert? Traten unter Umständen gerade heute unkontrollierbare Umweltfaktoren auf, die Ihren Hund zusätzlich abgelenkt oder gestresst haben? Haben Sie bei der variablen Verstärkung vielleicht doch zu selten belohnt?

Kommt es häufiger vor, dass der Hund erst auf den zweiten Ruf reagiert, sollten Sie die Situation analysieren und zu einer geringeren Ablenkungsstufe zurückkehren und diese noch einmal durch viele Wiederholungen festigen.

# Ausflug in den Wildpark

In viele Wildparks darf man heute (angeleinte) Hunde mit hineinnehmen. Diese Besuche bieten sich für das Aufmerksamkeits- und Rückruftraining bei Wildgeruch und Wildanblick an.

## Vorteile eines Wildparks

Man muss natürlich bedenken, dass der Wildpark künstlich angelegt wurde, die Tiere eingezäunt sind und dass ein Besuch im Wildpark das Training in Feld und Wald nicht ersetzen kann. Der Wildpark bietet jedoch die Möglichkeit, das Training sehr abgesichert zu gestalten, und Sie können sich in dieser Situation ganz auf den Hund und sein Verhalten konzentrieren. Im Wald sind Trainingssituationen mit solch einer Nähe zum Wild kaum möglich. Unter Tierschutzaspekten, bezogen auf das Wild, sollte man ein derartiges Training auch nicht in freier Natur anstreben. Das Wild in den Wildparks ist die Anwesenheit von Menschen und Hunden in der Regel gewöhnt und der Stresslevel hält sich entsprechend in Grenzen.

## Langsame Annäherung

Aufmerksamkeit und Rückruf werden vor dem Wildgatter und, falls möglich, in einem Freigehege geübt. Sie sollten sich dem Wild auf eine Distanz nähern, bei der Ihr Hund Interesse und leichte Erregung zeigt, aber noch auf Ihre Kommandos reagieren kann. Das bedeutet, dass Sie vielleicht zu Beginn eine Entfernung von vielen Metern zum Gatter halten und sich Schritt für Schritt an das Wild heranarbeiten müssen, bis Sie direkt vor dem Gatter stehen. In Freigehegen muss die Annäherung an das Wild sehr vorsichtig geschehen, damit der Hund nicht plötzlich vorspringt, zu nah herankommt und das Wild eventuell erschreckt oder sogar verletzt. Deshalb wird anfangs immer mit der kurzen Leine geübt, bis man eine kurze Schleppleine (ca. 3 m) verwenden kann. Fragen Sie zur Sicherheit vorher beim Personal, ob die Arbeit mit Schleppleinen im Freigehege gestattet ist. Im Freigehege wird die Schleppleine nie aus der Hand gegeben.

## Vorsicht, Wild!

Der Tierschutzgedanke muss aber auch in die andere Richtung gedacht werden, besonders bei kleineren Hunden. In den Freigehegen wird das Wild oft von Besuchern gefüttert. Wir haben häufiger erlebt, dass einzelne Tiere das Futter vehement eingefordert haben und nicht nur sehr nah an den Menschen herankamen, sondern auch die Hunde aus Futterneid angriffen. Seien Sie also vorsichtig, wenn Sie in ein Freigehege gehen, besonders während der Setzzeit.

## Kaninchen und Marder als Ersatz

Wer keinen Wildpark in der Nähe hat, kann sich unter Umständen mit wilden Kaninchen oder Raubzeug wie Mardern behelfen. Versuchen Sie herauszufinden, wo Wiesen in Ihrer Nähe sind, auf denen sich in der Dämmerung Kaninchen tummeln beziehungsweise in welchen Gegenden Marder gern die Autofahrer ärgern (und mit Sicherheit ihre Spuren hinterlassen). Hier können Sie mit Ihrem angeleinten Hund trainieren. Bleiben Sie zunächst auf Distanz zum Wild, wie im Wildpark auch, und üben Sie Aufmerksamkeit und Rückruf. Funktioniert das gut, können Sie mit Ihrem Hund an lockerer Leine über die Wiese laufen oder an interessanten Spuren am Wegesrand vorbeigehen. Keine Sorge, Ihr Hund zeigt ihnen schon, wo Spuren sind. Es darf jedoch niemals dazu kommen, dass Ihr Hund einem Kaninchen hinterherjagt oder eine Marderspur abarbeiten kann.

*Vorsicht, Wild! Wenn es ums Futter geht, kann die „Beute" auch zum Gegenangriff übergehen.*

*Das Beschäftigen mit dem Ball ist ein Freizeitspaß mit ernstem Hintergrund. An diesem (Spiel-)Objekt zeigen und üben Hunde Verhaltenselemente aus dem Bereich des Jagens.*

## Für Bällchen-Verrückte: Bälle als Belohnung

Wenn Ihr Hund an Bällen Interesse hat, können Sie sie als Belohnung einsetzen. Wenn er sich nicht großartig dafür interessiert, sollten Sie mit Leckerli belohnen. Sie können auch versuchen, Dummys oder Bälle als Ablenkung zu benutzen, z.B. an der Reizangel (s. Seite 143).

### Ersatzhandlung für Bällchen-Verrückte

Grundsätzlich arbeiten Sie mit einem auftrainierten (sekundären) Belohnungssignal (z.B. „Fein", Click etc.) in Kombination mit der primären Belohnung (Leckerli, Streicheleinheit oder Ball). Auf die Vorteile von Leckerli gegenüber Streicheln oder einem Ball wurde bereits eingegangen (Seite 79). Da der Ball dem Hund erlaubt, Elemente des Jagdverhaltens zu zeigen, kann er als Belohnung für bestimmte Hunde sehr geeignet sein. Es gibt Hunde, die jedes Reh links liegen lassen, wenn ihr Ball vorhanden ist. Hier brauchen Sie im Grunde gar keine weiteren Kontrollkommandos, sondern nur ein ganz bestimmtes Signal für „Ball kommt ins Spiel", und der Hund wird zu Ihnen zurückkommen. Werfen Sie den Ball als Belohnung nicht zu weit und vor allen Dingen nicht Richtung Wild. Am sichersten ist es, einen Ball am

elastischen Band zu benutzen. Der Hund kann dann nicht mit dem Ball weglaufen, um sich allein eine schöne Zeit zu machen. Denken Sie daran: Belohnungen sollten immer toll sein, doch der Hund darf sich nur eine kurze Zeit damit beschäftigen, damit Sie schnell weitertrainieren können. Wenn Sie Ihr Training in der Anwesenheit anderer Hunde durchführen, müssen Sie sicher sein, dass Ihr Hund den Ball nicht massiv gegen die anderen Hunde verteidigen wird. Dadurch können leicht Konflikte entstehen. Ist Ihr Hund so ein Kandidat, darf der Ball nur dann benutzt werden, wenn keine anderen Hunde dabei sind.

## Der Ball-Jackpot

Wenn Sie einen mäßig ballverrückten Hund haben, für den der Ball zwar eine supertolle Belohnung ist, die weit über einem Leckerli steht, der aber kein Stück Wild dafür eintauschen würde, können Sie den Ball als Belohnung für ein korrekt befolgtes Kommando einsetzen beziehungsweise mit Leckerli abwechseln. Der Ball kann zum Beispiel als Jackpot für ein sehr gut befolgtes Kommando unter starker Ablenkung eingesetzt werden. Auch als Belohnung benutzt ist es sinnvoll, dass der Ball am Band hängt und sich der Hund nicht zu lange damit beschäftigen kann.

# Rückruf „Hier“

Ein sicherer Rückruf in allen Lebenslagen ist Gold wert. Wenn Sie Ihren Hund aus dem vollen Galopp heraus zu sich rufen können, sind Sie dem Ziel, Ihr Jagdproblem fast auf null zu bekommen, schon recht nah.

## Sinn und Zweck

Der Rückruf wird aus dem Aufmerksamkeitstraining heraus geübt. Im Kapitel Grundlagen zum Gehorsam Seite 83 haben Sie schon die verschiedenen Möglichkeiten des Trainierens kennen gelernt. Im „gefährlichen Gelände“ sollte der Rückruf allerdings nur nach dem Aufmerksamkeitssignal erfolgen und das Anstupsen der Hand geübt werden. Wenn Sie den Hund für ein korrekt befolgtes Aufmerksamkeitskommando auf Distanz mit dem Belohnungssignal belohnen, muss er sich den eigentlichen Verstärker (Leckerli, Bällchen oder Streicheleinheit) bei Ihnen abholen. Dazu muss er zu Ihnen kommen, während Sie Ihr bereits im Alltag auftrainiertes Rückrufkommando „Hier“ oder einen Pfiff ertönen lassen. So können Sie die korrekte Verknüpfung („Hier“ + Zurückkommen) auch im „gefährlichen Gelände“ schnell und sicher üben. Wenn der Hund bei Ihnen angekommen ist, sagen Sie Ihr Belohnungssignal, und dann bekommt er sein Leckerli oder das Bällchen. Ähnlich läuft das Training ab, wenn der Hund Ihre Hand anstupsen soll. Im Übrigen gehen wir auch hier davon aus, dass Ihr Hund den Rückruf im Alltag gut beherrscht und Sie wissen, wie Sie Ihren Hund am besten belohnen können. Wie oben beim Aufmerksamkeitskommando beschrieben, wird nun im gefährlichen Terrain unter erschwerten Bedingungen (Ablenkungen) geübt.

## Grundsätzliches zum Training

Wie bereits beim Aufmerksamkeitskommando beschrieben, arbeiten Sie auch beim Rückruftraining mit länger werdender Leine und steigender Ablenkung. Trainieren Sie parallel zum Aufmerksamkeitskommando.

Tipp

### *Trainingstagebuch*

Wir empfehlen Ihnen, ein kleines „Trainingstagebuch“ zu führen. Das muss kein aufwendiges Schriftstück sein – es reicht, wenn Sie jeden Tag die durchgeführten Trainingseinheiten für jedes Kommando und das Verhalten des Hundes notieren. So behalten Sie den Überblick und können auch leichter aufgetretene Fehler analysieren.

Das bedeutet konkret, dass Sie schon mit dem Rückruftraining an kurzer Leine beginnen, wenn Sie beim Aufmerksamkeitstraining auf die Schleppleine umsteigen. Wichtig ist, dass Sie diese beiden Übungen nicht vermischen.

Auf dem gleichen Spaziergang können Sie durchaus beides üben – aber es muss jeweils eine deutliche Zeitspanne von mindestens 10 Minuten zwischen den jeweiligen Trainingssequenzen liegen. Gerade beim Rückruftraining sollten Sie bei jeder Steigerung des Schwierigkeitsgrades gründlich überlegen, ob Ihr Hund vom Leistungsstand her dazu in der Lage ist. Fehlverknüpfungen (siehe Seite 86) wirken sich hier viel fataler aus als beim Aufmerksamkeitstraining. Wenn Sie den Rückruf an der kürzeren Leine üben, darf diese nicht straff sein. Klappt der Rückruf nicht, und der Hund rennt in die Leine, ist dies ein Zeichen, dass Sie den Schwierigkeitsgrad zu schnell gesteigert haben oder der Erregungslevel Ihres

Dieser Hund zeigt guten Gehorsam aber auch leichtes Stressverhalten. Die Wiederholungsrate für diese Übung darf nicht zu hoch liegen, da sonst der Lernerfolg gemindert wird.

Hundes an dem Ort, an dem Sie gerade üben, zu hoch ist (z.B. bei zu schneller Annäherung an Wild im Wildpark). Verändern Sie die Trainingssituation entsprechend, z.B. indem Sie mit größerem Abstand zum Wild üben, damit Sie wieder Erfolge haben.

## Durchführung

### 1. Schritt: Rückruf bei mäßiger Spannung

Anfangs ist der Hund an der lockeren 2-m-Leine, während Sie das Aufmerksamkeitskommando sowie das Rückrufkommando variabel aber häufig während des Spaziergangs geben. Dabei sollte der Ablenkungsgrad zwischen „kaum interessant“ bis „mäßig spannend“ liegen. Das Ziel ist es, dass Ihr Hund bei mäßig spannender Ablenkung mit 98-prozentiger Sicherheit Ihr Rückrufkommando befolgt und zu Ihnen zurückkommt. Es muss an mindestens drei verschiedenen Orten bei variabler Verstärkung klappen. Erfahrungsgemäß kann diese Phase schnell durchgearbeitet werden, denn Ihr Hund ist durch das zuvor intensiv trainierte Aufmerksamkeitssignal gut vorbereitet.

### 2. Schritt: Variable Belohnung

Jetzt üben Sie mit immer konkreteren, spannenderen Ablenkungen und erhöhen Sie langsam den Schwierigkeitsgrad bis hin zu „superspannend“.

Vergessen Sie auch hier nicht, die mäßig spannenden Ablenkungen weiterzutrainieren. „Spielen“ Sie mit der variablen Belohnung. In Situationen, in denen das Rückrufkommando gut funktioniert, wird nur noch ab und zu belohnt. Platzieren Sie die variable Verstärkung möglichst effektiv. Vom Aufmerksamkeitstraining wissen Sie inzwischen genau, wie viele „Aussetzer“ der regelmäßigen Verstärkung Sie sich erlauben dürfen, ohne dass der Trainingserfolg leidet.

### 3. Schritt: Und Jackpot!

In dieser Phase kommt der bei den lernbiologischen Grundlagen beschriebene Jackpot ins Spiel (Seite 69). Ein besonders gut befolgter Rückruf, z.B. zackiges Umdrehen bei starker Ablenkung, darf durchaus mit einer „Gewinnausschüttung“ belohnt werden.

### 4. Schritt: Rückruf an der Schleppleine

Wenn der Rückruf an kurzer Leine bei variabler Verstärkung und „mäßig spannenden“ Ablenkungsreizen regelmäßig erfolgreich platziert werden kann, beginnt die Arbeit mit der Schleppleine. Jetzt trainieren Sie wie zuvor beschrieben, jedoch mit einem größer werdenden Abstand zwischen Ihnen und Ihrem Hund. Gleichzeitig arbeiten Sie sich an kurzer Leine bis zu einem „superspannenden“ Ablenkungsreiz vor, um auch hier, nach Einführung der variablen Verstärkung, auf die Schleppleine umzusteigen.

### 5. Schritt: Auch „Banales“ üben

Üben Sie auch an der Schleppleine an verschiedenen Orten und aus verschiedenen Situationen heraus. Es ist nicht gut, den Hund immer nur von der Fährte abzurufen beziehungsweise von etwas anderem sehr Interessantem. Rufen Sie ihn im gefährlichen Terrain immer mal wieder aus belanglosen Situationen zu sich zurück. Sonst besteht die Gefahr, dass der Rückruf langsam, aber sicher zu einem Ankündigungssignal für eine „tolle Fährte“ oder für „Wild“ werden kann. Selbst wenn der Rückruf auf fünf Meter gut klappt, sollten Sie die kurzen Distanzen nicht vernachlässigen.

### 6. Schritt: Beginn des Ausschleichens

Wenn das Trainingsziel (98 % Erfolg auf fünf Meter Distanz in gefährlichem Terrain) an lockerer Schleppleine erreicht wurde, beginnen Sie mit dem Ausschleichen aus der Leine, wie weiter unten beschrieben. Zuvor soll jedoch auf Probleme und Fehlermöglichkeiten des bisher beschriebenen Trainings eingegangen werden, denn diese können sich sonst beim Ausschleichen potenzieren.

## Wenn es nicht klappt

» Wenn Ihr Hund in einer individuellen Trainingsphase nicht korrekt auf das Kommando reagiert, wiederholen Sie es höchstens einmal bei lockerer Leine. Reagiert er auch dann nicht, brechen Sie die Übung ab und machen eine Fehleranalyse wie beim Aufmerksamkeitskommando beschrieben. Wenn die Schwierigkeiten daran lagen, dass der Ablenkungsfaktor zu hoch war, suchen Sie sich zunächst Orte mit niedrigerer Ablenkung.

» Kommt das Überhören des ersten Rückrufs in bestimmten Gebieten häufiger vor, und Sie haben keine Möglichkeit, die Ablenkungen zu kontrollieren, setzen Sie den zweiten Rückruf gezielt als Misserfolgssignal ein. Die Wiederholung des Rückrufs erfolgt so, dass das Kommando zu einer Art Begrenzungssignal für die Aktivität des Hundes wird. Sie rufen das erste Mal wie üblich bei lockerer Leine, z.B. wenn der Hund sich auf etwas Spannendes zubewegt. Kommt er jetzt nicht zu Ihnen, sondern läuft weiter voran, kommt Ihr Rückruf zum zweiten Mal. Und zwar genau in dem Moment, in dem sich die Leine strafft und er nicht weiterkann. Genau genommen kommt das Kommando knapp vor dem Straffen der Leine. Dies ist aber bei der Schnelligkeit der meisten Hunde nicht so ohne Weiteres korrekt zu platzieren. Insofern ist es am sichersten, sich auf eine Gleichzeitigkeit einzustellen. Kommt er zu Ihnen zurück, wird er belohnt. Wiederholen Sie die Rückrufübung mit diesem Schwierigkeitsgrad so lange, bis er nicht mehr in die Leine läuft, sondern sich gleich beim ersten Rufen/Pfiff umdreht und zurückkommt. Wenn er sich beim zweiten Rufen bei gestraffter Leine nicht umdreht, müssen Sie im Training eventuell einen ganzen Schritt zurückgehen, bis es klappt, und auf dieser Ebene (bei weniger Ablenkung) einige Zeit weiterüben, bis Sie wieder zur nächsten Stufe übergehen. Wichtig ist, dass Sie bei dieser Übung tatsächlich höchstens zweimal rufen, nie häufiger! Zudem ist es wichtig, dass Sie an vielen verschiedenen Orten üben, damit sich nicht die Umgebung als zusätzlicher Kontext zur Leinengrenze einschleicht!

» Fehlverknüpfungen: Wenn Sie Ihren Hund zu oft „erfolglos" rufen, kann das Rückrufkommando zu einem Begleitsignal für „Nach-vorn-Gucken" oder eventuell auch für „Hinterherlaufen" werden. Wenn Sie Ihren Hund immer nur in Ablenkungssituationen rufen, kann Ihr Rückruf zum Ankündigungssignal für „Wild" etc. werden.

» Für bestimmte Hunde und manche Besitzer sind Schleppleinen nicht geeignet.

Große, kräftige und schwere Hunde mit kleinen und eventuell zierlichen Besitzern sind generell kein gutes Gespann. Ebenso Hunde, die im Alltag noch nicht sehr leinenführig sind. Sie können die Leinenführigkeit zwar trainieren, doch an den Gewichtsverhältnissen lässt sich in der Regel wenig ändern. In diesem Fall gehen Sie nach erfolgreichem Training an kurzer Leine (vielleicht auch an der 2,5 m langen Leine) gleich zu dem Kapitel über, in dem das Unterbrechungskommando („Off“ etc.) beschrieben wird.

» Mit im Gelände hoch erregten Hunden, die hektisch in der Leine hängen, kann ebenfalls nicht zufriedenstellend trainiert werden. Hier muss zunächst ein Desensibilisierungsprogramm gestartet werden (siehe Seite 131), damit der Erregungslevel abnimmt.

*Hat der Hund Angst vor den Tieren, muss vor der Übung eine Desensibilisierung stattfinden.*

» Wenn Ihr Hund grundsätzlich einen sehr großen Radius im Gelände um Sie herum einhält, ist die Schleppleine problematisch. Sie wird im Training vermutlich zu häufig unter Spannung stehen und wird damit zu einem herausragenden Signal für den Hund. Gehen Sie hier zunächst zum Kapitel „Radiustraining“ (Seite 50) zurück.

» Auch ein sehr aktiver Hund, der an der lockeren Schleppleine kreuz und quer durch die Gegend rennt, kann Probleme bereiten. Bei solchen Hunden kann sich die Leine des öfteren verheddern oder verknoten. In diesen beiden Fällen (Radius, Aktivität) wäre das Unterbrechungskommando (siehe Seite 145) eine akzeptable Alternative zum Schleppleinentraining.

» Wenn Ihr Hund gezeigt hat, dass er im Falle eines Falles (wenn er einem Stück Wild hinterhergeht) sehr lange verschwunden ist, sollten Sie die Schleppleine nie aus der Hand geben. Ein Hund, der mit Schleppleine im Gelände verloren geht, kann an Bäumen oder Gestrüpp hängen bleiben und sich verletzen. Unter Umständen kann er nicht zu Ihnen zurück, weil er irgendwo festsitzt.

» Wenn Ihr Hund in bestimmten Momenten so stark erregt ist, dass Sie überhaupt nicht richtig trainieren können, müssen Sie zunächst überlegen, wodurch es zu dieser hohen Erregungslage kommt. Unserer Erfahrung nach tritt dieses Problem gehäuft bei Hunden auf, die durch frühere Erfahrungen mit bestimmten Orten oder Situationen hohe Erregungslagen verknüpfen. Ein bestimmter Ort kann zum Auslöser für eine hohe Erregungslage werden, wenn der Hund hier bereits einige Male erfolgreich Jagdverhalten zeigen konnte. Wenn die hohe Erregungslage mit dem Signal „Wald an sich" verknüpft ist, wird eine Desensibilisierung nach dem unten vorgestellten Schema nötig (Seite 133). Wenn die hohe Erregungslage tatsächlich mit einem ganz speziellen Ort verknüpft ist, sollten Sie diesen zunächst im Training meiden. Sie kehren erst dorthin zurück, wenn an mehreren anderen Orten das Aufmerksamkeitssignal an der Schleppleine unter „superspannender" Ablenkung perfekt sitzt und der Rückruf an der Schleppleine unter „mäßig spannender" Ablenkung zuverlässig klappt. Jetzt erst wird an dem besonders kritischen Ort begonnen, das Aufmerksamkeitskommando an der Schleppleine und den Rückruf an der kurzen Leine zu trainieren. Zuvor sollten Sie allerdings mit dem angeleinten Hund häufiger „einfach so" (also ohne zu trainieren) durch dieses Gebiet gehen. Sie ermöglichen ihm so eine Habituation (Gewöhnung) an den Ort. Ignorieren Sie dabei jede Erregung. Auch wenn Ihr Hund an der Leine hängt: Da Sie den Waldweg entlanggehen, muss er mit. Sie müssen den Zug an der Leine allerdings langsam aufbauen – auch hierbei wird nicht geruckt. Nach ungefähr 50 Spaziergängen in diesem Gebiet kann er sich mit Gerüchen, Geräuschen etc. vertraut machen, und es besteht eine reelle Chance, dass er zu Beginn des eigentlichen Trainings deutlich weniger erregt ist.

» Manchmal reicht auch schon die Autofahrt zum Gassigehen aus, um einen Hund extrem zu erregen – z.B. wenn die Besitzer regelmäßig zu einem ganz bestimmten Waldparkplatz gefahren sind, an dem der Hund sofort aus dem Auto springen durfte und mit der Aufnahme von Wildspuren beginnen konnte. Solch eine gesteigerte Erregung wirkt sich auf jedes Training negativ aus, wenn Sie den Trainingsort mit dem Auto aufsuchen. Hier haben Sie keine andere Möglichkeit, als eine Desensibilisierung gegen die Stress auslösende Situation durchzuführen. Der Hund soll sich an das Autofahren zum Gassi gehen gewöhnen und ein kontrolliertes Aussteigen lernen.

# Desensibilisierung gegen Erregungsauslöser

Über eine Desensibilisierung wird erreicht, dass sich ein Hund in zuvor für ihn sehr aufregenden und spannenden Situationen gemäßigter und weniger gestresst verhält. Die hohe Erregungslage des Hundes verhindert ein effektives Training. Erst nach einer Desensibilisierung kann es bei bestimmten Hunden möglich sein, vernünftig und zielorientiert mit ihnen zu arbeiten.

## Grundsätzliches zum Training

Desensibilisierung bedeutet ein langsames Heranführen an die Situation, die die hohe Erregungslage auslöst. Dabei werden die Etappen bei den Übungen gerade so klein und kurz gewählt, dass der Hund sich nur leicht erregt und anschließend Zeit hat, sich wieder zu entspannen. Das entspannte Verhalten wird dann belohnt.

## Der Grenze nähern

Bei der Desensibilisierung wird mit hohen Wiederholungsraten gearbeitet. Grundsätzlich gilt bei einer Desensibilisierung immer: Erwünschtes Verhalten wird belohnt, unerwünschtes wird zur Kenntnis genommen und ignoriert. Zur Kenntnis nehmen müssen Sie es, weil es Ihnen die Information gibt, wie weit Sie sich der Grenze angenähert haben, die Sie vom momentanen Gewöhnungsstand her nicht überschreiten sollten.

### *Ignorieren*

Ignorieren heißt: NICHT angucken, NICHT ansprechen, NICHT anfassen – und das alles gleichzeitig. Wenn Sie z.B. Ihren bellenden Hund ausschimpfen und sagen, dass er jetzt gefälligst ruhig sein soll, ignorieren Sie ihn gerade nicht.

*Hoher Erregungslevel: Der Hund reagiert nicht auf das Signal.*

*Nach der Desensibilisierung kann das Kommando erfolgreich platziert werden.*

Im Folgenden ist beispielhaft eine Desensibilisierung für einen Hund beschrieben, der jedes Mal mit lautem Fiepen und Gebell im Auto reagiert, wenn Sie am Waldparkplatz anhalten. Sehr wichtig ist, dass Sie Ernstfall und Training deutlich trennen; außerhalb der Übungen zur Desensibilisierung sollten Sie möglichst nicht mit dem Auto zum Gassigehen fahren. Dies bedeutet für einige Hundehalter eventuell eine massive Einschränkung im Alltag und kann für Sie vielleicht gerade aufgrund Ihrer Lebensbedingungen unmöglich sein. Wenn im Alltag immer wieder Ernstfälle auftreten, weil der Hund im Auto mitgenommen werden muss, führen Sie ein spezielles Signal ein, das dem Hund sagt: „Jetzt wird trainiert." Im Ernstfall (Sie müssen unbedingt mit dem Auto fahren) setzen Sie den Hund einfach kommentarlos ins Auto und fahren los. Wichtig ist, dass sie jedes Fiepen oder Bellen ignorieren (starke Nerven sind gefragt!). Im Trainingsfall, der natürlich so häufig wie möglich pro Tag eintreten sollte, sagen Sie zu Beginn des Trainings z.B. „Üben" oder was auch immer Ihnen als Signal gut über die Lippen kommt. Im genannten Beispiel des fiependen Hundes würde Ihr Ankündigungssignal in dem Moment kommen, in dem Sie den Hund ins Auto steigen lassen. Später, wenn die Desensibilisierung schon gut vorangeschritten ist, würde Ihr Ankündigungssignal für immer mehr „Ernstfall"-Fahrten genommen werden, um dann auch aus diesen Fahrten eine kleine Übung zu machen, wo es nötig ist.

## Durchführung

Zerstückeln Sie gedanklich den gesamten Handlungsablauf von „Sie ziehen Ihre Schuhe zum Spaziergang an" bis hin zu „Ankunft auf dem Parkplatz" in einzelne Etappen und bestimmen Sie den Moment, in dem das Problem tatsächlich beginnt. Wenn der Erregungslevel Ihres Hundes erkennbar ansteigt, wenn Sie von der Straße in Richtung Parkplatz abbiegen, beginnen Sie hier mit dem Training; steigt der Erregungslevel, wenn vor Ihrer Haustür der Motor angeht, ist das Ihr Startpunkt:

### 1. Schritt: Motor an – Motor aus

Steigt die Erregung beim Starten des Motors, spielt sich Ihre erste Trainingsetappe um diesen Punkt herum ab. Ziehen Sie sich häufig zum Gassigehen an und setzen Sie sich mit dem Hund ins Auto. Starten Sie den Motor und bestimmen Sie die Zeit, wann sich der Erregungslevel steigert. Wenn dies z.B. nach drei Sekunden ist, arbeiten Sie zunächst mit drei Sekunden. Nach drei Sekunden wird der Motor ausgemacht und der Hund wird belohnt, sobald er den Erregungslevel leicht heruntergefahren hat. Dieses Herunterfahren sollte nur so lange dauern wie die Zeitspanne vorher (in diesem Beispiel also drei, maximal fünf Sekunden). Dauert sie erkennbar länger an, müssen Sie den Motor eventuell schon nach 2,5 Sekunden wieder ausmachen.

### 2. Schritt: Nur wenige Meter

Durch viele Wiederholungen werden Sie die Anfangszeit, in der der Hund sich bei laufendem Motor nur mäßig erregt oder schon ganz ruhig bleibt, steigern. Sie werden nicht nur die Zeit des laufenden Motors verlängern, sondern auch beginnen, wenige Meter zu fahren.

*Das Wild wird nicht mehr beachtet.*

*Hier wird auch leicht angespannte Aufmerksamkeit belohnt, solange der Hund ruhig liegen bleibt.*

Auch hier gilt: Wenn der Hund bei 10 Sekunden laufendem Motor und 10 gefahrenen Metern ruhig ist und ab dann die Erregungslage ansteigt, trainieren Sie zunächst wieder mit 10 gefahrenen Metern. Diese Anfangsphasen werden vermutlich relativ langwierig sein, wenn es sich schon um ein länger bestehendes Problem handelt. Ihr Hund hat die Erregungssteigerung auf das Signal Fahren schließlich regelmäßig wiederholt und damit „geübt". Und nicht nur das, neben den vielen „Übungseinheiten", die bei jedem Gassigang stattgefunden haben, hat es auch immer Belohnungen für die hohe Erregungslage gegeben: ihr mögliches Geschimpfe, aber auch das Ankommen am Parkplatz mit der Möglichkeit, aus dem Auto zu springen.

Ein gut etabliertes und sich lohnendes Verhalten gibt man aber nicht so schnell auf, auch nicht nach wenigen Misserfolgen. Deshalb ist das Belohnen des erwünschten Verhaltens wichtig. Sie arbeiten mit Ihrem Hund in einem System, in dem er schneller verstehen kann, was Sie von ihm wollen. Auf der einen Seite kommt der Misserfolg (keiner beachtet seine Erregung und auf dem Parkplatz kommt er auch nicht an), und auf der anderen Seite gibt es eine Erfolgsmeldung (ruhiges Im-Auto-Sitzen lohnt sich).

### 3. Schritt: Üben zu allen Zeiten

Diese Übungseinheiten werden an diversen Tagen und zu unterschiedlichen Tageszeiten geübt; Fahrtzeiten und Strecken verlängern sich graduell, bis Sie beim Parkplatz angekommen sind. Auf den bewussten Parkplatz fahren Sie allerdings erst, wenn Sie mindestens eine Woche lang zweimal am Tag an diesem Parkplatz vorbeifahren können, ohne dass sich der Hund erregt.

### 4. Schritt: Der Parkplatz

Nun wird die zweite große Etappe des Problems in Angriff genommen beziehungsweise an die erste angehängt. Sie fahren auf den Parkplatz und achten darauf, ab wann sich der Erregungslevel eventuell wieder steigert. Geschieht dies, wenn der Motor abgestellt wird? Wenn Sie aussteigen? Oder wenn Sie den Hund aus dem Auto herauslassen wollen? Egal wobei die Erregung steigt: Ab hier wird wieder in vielen kleinen Einzelschritten gearbeitet.
Wenn der Erregungslevel z.B. in dem Moment ansteigt, in dem die Tür zum Rücksitz oder Kofferraum fast geöffnet ist, wird zunächst nur kurz am Türgriff geruckt und der Hund für ruhiges Verhalten belohnt (mit vielen Wiederholungen). Achten Sie immer auf den Moment, in dem Ihr Hund wieder in sein altes, unerwünschtes Verhalten verfällt (z.B. bellt): Dies ist Ihr Stoppsignal im Ablauf! Sie drehen sich wortlos um und gehen kurz weg. Jetzt kommen viele Wiederholungen nach dem bekannten Prinzip: Sie nähern sich nach 2 Minuten, beziehungsweise wenn der Hund ruhig ist, wieder der Tür an und rucken erneut am Griff. Die Belohnung für erwünschtes Verhalten kann hier auch sein, dass die Tür weiter aufgeht; der Misserfolg wäre, dass sich die Tür wieder schließt und Sie weggehen. Sie werden merken, dass diese Übungen Ihren Hund etwas verunsichern. Ein wenig Verunsicherung ist in einem Desensibilisierungsprozess tolerierbar. Wenn Ihr Hund allerdings zu starke Unsicherheit zeigt, müssen Sie den entsprechenden Trainingsschritt kürzer gestalten, um den Stresslevel niedrig zu halten. Auch diesmal wird jede kleine Etappe so lange geübt, bis das unerwünschte Verhalten nicht mehr gezeigt wird.

### 5. Schritt: Aussteigen

Die letzte Etappe ist dann erreicht, wenn der Hund aus dem Auto herausspringt. Auch hier geht es darum, ihn mit erwünschtem Verhalten Erfolg haben zu lassen, während beim unerwünschten Verhalten der Misserfolg droht. Unerwünscht wäre es, wenn er nach dem Herausspringen hektisch am Boden schnuppert und in bestimmte Richtungen zieht. Der Misserfolg könnte dann so aussehen, dass er gleich wieder zurück in das Auto muss.

## *Ablauf der Desensibilisierung*

Alle Desensibilisierungen laufen im Grunde nach diesem Schema ab: Sie identifizieren den oder die Auslösesignale für das unerwünschte Verhalten. Sie zerstückeln die gesamte unerwünschte Situation in kleinere Etappen und arbeiten diese Etappen hintereinander ab. Sehr typisch ist, dass die Zeitabstände zwischen den einzelnen Schritten von Mal zu Mal kürzer werden. Die erste Etappe und vielleicht auch noch die zweite ziehen sich häufig lange hin. Doch dann wird es von Mal zu Mal schneller gehen mit dem Training. Dies liegt daran, dass Ihr Hund beginnt, die neuen Spielregeln, die Sie ihm präsentieren, zu durchschauen, und sich daran hält.

## Wenn es nicht klappt

Gewisse Probleme lauern bei Desensibilisierungen und limitieren die Erfolgschancen bei manchen Hunden. Manche Verhaltensweisen sind schwer auszuschalten. Es kann zum Beispiel bei einigen Hunden schwer sein, den oder die eigentlichen Auslösesignale für eine hohe Erregungslage herauszufinden. Desensibilisieren können Sie aber nur gegen etwas, das Sie kennen! In anderen Fällen kennen Sie zwar die Auslösesignale, können aber nicht gegen alle gleich gut desensibilisieren.

Ein weiteres Problem, mit dem man bei einer Desensibilisierung konfrontiert werden kann, ist die Schwierigkeit, das Auslösesignal so zu „verkleinern“, dass der Hund in absehbarer Zeit erwünschtes Verhalten zeigen kann – welches Sie wiederum belohnen können. Beim zuvor genannten Beispiel geschieht dieses „Verkleinern“ durch das Aufsplitten der Gesamtsituation in kleine Etappen. Bei einem extrem ausgeprägten Erregungsproblem kann es jedoch sein, dass Sie gewisse Auslösesignale gar nicht gering genug halten können.

Mit anderen Worten: Entweder es ist nicht vorhanden und erregt den Hund auch nicht, oder es ist gerade eben vorhanden, doch dann steigt die Erregungslage auch schon von null auf hundert. Spätestens dann ist der Punkt erreicht, an dem Sie professionelle Hilfe benötigen:

Vielleicht ist bei solchen Hunden medikamentelle Unterstützung nötig, um überhaupt mit einer Desensibilisierung beginnen zu können. Die Entscheidung, welches Medikament zum Einsatz kommen sollte, kann aber nur eine fachkundige Tierärztin oder ein fachkundiger Tierarzt fällen.

# Ausschleichen aus der Schleppleine

Die Schleppleine wird schrittweise abgebaut. Erst geben Sie sie aus der Hand und lassen sie hinter dem Hund herschleifen, dann wird die Leine nach und nach gekürzt, bis sie nicht mehr vorhanden ist. Der Prozess geht über einen längeren Zeitraum.

## Der richtige Zeitpunkt

Wann beziehungsweise ob Sie die Schleppleine komplett aus der Hand geben und auf dem Boden schleifen lassen, ist vom Gelände, von Ihnen, vom Hund und vom Trainingsfortschritt abhängig. Auf freiem Gelände mit relativ hartem Untergrund, auf dem man die Leine gut sieht, und bei einem leichten Hund im Verhältnis zu Ihrem Gewicht ist es möglich. Bedenken Sie jedoch, dass im Falle eines Falles eine wirkliche Chance vorhanden sein muss, dass Sie Ihren Fuß tatsächlich zügig auf die Leine stellen können, um den Hund am Weiterlaufen zu hindern. Daher sollten Sie bei den bisher genannten Übungen schon recht fortgeschritten sein, sodass Sie sich mit 80-prozentiger Wahrscheinlichkeit gar nicht auf die Leine stellen müssen. Erst dann macht es Sinn, mit dem Ausschleichen zu beginnen.

*Üben Sie das Sich-auf-die-Leine-Stellen ruhig einige Male in sicherer Umgebung.*

*Wenn die Leine „plötzlich" nicht mehr vorhanden ist, zischt der Hund ab.*

## Warum langwierig ausschleichen?

Der Hund weiß, ob er an der Leine hängt oder nicht! Viele Besitzer haben schon böse Überraschungen erlebt, als Sie Ihren gut trainierten Hund von einem Tag auf den anderen von der Leine ließen und dieser fröhlich an ihnen vorbeizischte. Hunde lernen kontextabhängig, und die Leine ist ein Signal für einen bestimmten Kontext. Der Kontext Leine bedeutet nach einiger Trainingserfahrung: Irgendwo ist die Grenze – da unternehme ich keine großen Aktivitäten. Daher müssen Sie den Übergang von angeleint zu frei graduell gestalten und dem Hund so einen langsamen Übergang von „Kontrolle über Leine" zu „Kontrolle über Kommando" ermöglichen.

## Eine Garantie gibt es nicht

DIE eine 100-prozentig sichere und erfolgreiche Methode zum Ausschleichen haben wir leider noch nicht gefunden. Wir stellen Ihnen einige Methoden vor, und Sie werden mit Ihrem Hund ausprobieren müssen, was bei ihm am besten funktioniert.
Zur Not müssen Sie kontrollierte Fehlschläge in Kauf nehmen. Umso wichtiger ist, dass Sie den Trainingsort sorgsam wählen, wenn die Leine erstmals abgemacht wird.
Wenn Sie einen Hund haben, der auf Sicht hetzt, sollten Sie Orte aufsuchen, wo das Risiko gering ist. Ist Ihr Hund ein begnadeter Fährtensucher, üben Sie diese letzte Etappe zum Beispiel an einem

Ort, wo mehrere Hunde sind. Sie könnten Ihren Hund zum Hinterherlaufen animieren, sodass er sich mit den Hundekumpeln beschäftigt und sich kaum um eine Fährte kümmern wird.

## Durchführung

Grundsätzlich beginnen Sie mit dem Ausschleichen, sobald das Rückruftraining selbst bei superspannenden Ablenkungen funktioniert. Jetzt begeben Sie sich wieder verstärkt in Situationen mit geringer und mäßig spannender Ablenkung und arbeiten nach einer der unten vorgestellten Möglichkeiten.
Denken Sie immer daran, das Ausschleichen an vielen verschiedenen Orten zu üben. Und es ist wichtig, dass Ihr Rückrufkommando nicht nur dann kommt, wenn sich der Hund für eine dieser Ablenkungen interessiert, sondern auch einfach mal zwischendurch gegeben wird. Parallel dazu bleibt die Schleppleine für Trainingssituationen mit superspannender Ablenkung am Hund, damit Sie eine Sicherung haben.

### Möglichkeit 1: Leine kürzen

Sie kürzen die Leine, die der Hund frei hinter sich herzieht, Stück für Stück (z.B. um je 50 cm pro Woche). Die Leine wird dadurch leichter und ist irgendwann einfach nicht mehr da.

*Für den Hund ist die Leine „theoretisch" noch in der Hand des Menschen.*

Sie bleiben möglichst immer im gleichem Abstand zum Hund (es sei denn, Sie rufen ihn zu sich her). So bleibt der Kontext „mit Leine" für den Hund zunächst bestehen; durch das Leichterwerden wird das Signal aber immer weniger bedeutungsvoll und wird von einem anderen Signal übertönt: Ihrem Kommando. Irgendwann stellen Sie und Ihre Kommandos die relevanten Signale für „Aktivität lohnt sich nicht" dar. Hier wird noch einmal deutlich, wie wichtig es ist, dass Sie im Training nicht an der Leine rucken etc., sondern dass sie wirklich nur eine Grenze darstellt. Jedes Rucken macht die Leine zu einem herausragenden Signal, aus dem man sich nur noch schwer ausschleichen kann.

## Möglichkeit 2: Zwei Leinen

Sie arbeiten mit zwei Leinen. Eine Leine halten Sie in der Hand, die andere schleift hinter dem Hund her. Zunächst wird die freie Leine Stück für Stück verkürzt und damit leichter; ist diese um ein Drittel kürzer geworden, beginnen Sie, beide Leinen abwechselnd zu kürzen. Dazu wird jetzt auch die zweite Leine aus der Hand gegeben. Muss die Leine im Training doch einmal gegriffen werden (beziehungsweise Sie müssen sich daraufstellen), nehmen Sie immer das längere Ende. Ansonsten erfolgt das Prozedere wie bei Möglichkeit Nr. 1: Das Rückrufkommando soll zum herausragenden Signal gegenüber der Leine werden. Zum Schluss lassen Sie einen Kurzführer am Hund hängen (siehe Bild), den Sie natürlich auch auf fünf Meter Distanz nicht mehr greifen könnten – aber das weiß der Hund nicht, wenn das Verkürzen wirklich langsam erfolgte und parallel intensiv an den Kommandos gearbeitet wurde. Bei Hunden, die schon einigen Jagderfolg hatten und auch sonst im Alltag gut unterscheiden können, ob sie am Band hängen oder frei sind, ist diese Möglichkeit oft die bessere. Zur Not muss der Hund dann Zeit seines Lebens mit Kurzführer herumlaufen; aber das ist immer noch besser, als 10 Jahre angeleint zu sein.

*Zusätzlich zur langen Leine hängt ein Kurzführer am Hund.*

## Möglichkeit 3: Am dünnen Band

Der Hund zieht nur eine Leine hinter sich her und diese wird wieder Stück für Stück verkürzt. Parallel dazu wird jetzt ein sehr leichtes längeres Band am Brustgeschirr befestigt, das der Besitzer am anderen Ende in der Hand hält. Hier bieten sich Angelsehnen für Hochseefische an. Befestigen Sie einen Holzball am Ende, damit Sie die Schnur greifen können und tragen Sie auf jeden Fall Handschuhe, denn so eine plötzlich straff gezogene Sehne schneidet ganz schön tief in die Hände.

Jetzt können Sie es darauf ankommen lassen, den Hund bei deutlich verkürzter Schleppleine und einem nicht befolgten

Rückrufkommando in diese dünne Leine laufen zu lassen. Hierbei ist wichtig, dass diese zweite Leine für den Hund anfangs nicht wirklich präsent sein darf. Sie ist sehr leicht und daher locker und für den Hund kaum zu spüren, aber sie darf auch wirklich erst auf Zug kommen, wenn der Hund Ihr Kommando überläuft. So wird das Kommando wieder zum herausragenden Signal, das die Kontrolle übernimmt. Parallel werden Sie sich aus der Angelschnur wie bei Möglichkeit 1 schleichen. Achten Sie darauf, die Übungen nur in Gegenden durchzuführen, in denen sich die Angelschnur nicht in Büschen verheddern kann.
Speziell beim Ausschleichen kann es nützlich sein, mit Dummys und einer Hilfsperson zu arbeiten. Dieses Training hilft Ihnen zusätzlich, das Rückrufkommando abzusichern.
Wichtig ist, dass die Hilfspersonen „gut angelernt" sind und Sie beide schnell zu einem eingespielten Team werden.

*Für den Hund ist es nicht ohne weiteres erkennbar, dass der Mensch auf die Schnelle nicht mehr an diese Leine herankommen kann.*

# Dummyarbeit zum Absichern des Rückrufs

Dummys (längliche Objekte, die der Hund im Maul tragen kann) gibt es aus festem Leinen, Holz, Leder oder Stahl. Wir arbeiten mit Dummys aus Leder oder festem Leinen, denn es geht nicht um Apportierübungen. Deshalb ist es auch unerheblich, wie fest der Hund den Dummy packt oder ob er darauf herumbeißt.

## Das Interesse wecken

Der Dummy sollte für den Hund interessant sein, und er muss versuchen, ihn mit dem Maul zu greifen. Ballinteressierte Hunde machen das meist sofort, wenn man den Dummy vor ihrem Kopf hin und her bewegt. Bei Hunden, die kein oder kaum Interesse an Bällen haben, muss man das Interesse am Dummy wecken. Denken Sie daran: Im ganzen Buch geht es um Hunde, die unerwünschtes Jagdverhalten zeigen. Wenn Sie vor diesen Hunden einen Dummy mehrmals ruckartig über den Boden ziehen und dann am Band auch mal eine kleine Strecke durch die Luft fliegen lassen, können Sie fast jeden Hund begeistern! Zur Not müssen Sie es einige Male wiederholen.

Prüfen Sie auch, ob es der richtige Zeitpunkt zum Anreizen war. Vielleicht ist Ihr Hund gerade müde oder hungrig oder durch etwas anderes abgelenkt. Vielleicht muss das Band am Dummy länger sein, oder vielleicht schüchtert die Person, die den Dummy führt, den Hund ein. Ändern Sie das, was Probleme zu verursachen scheint.

## Mit spannender Duftnote

Will der Hund auch nach solchen durchdachten Anreizversuchen nichts vom Dummy wissen, können sie versuchen, den Dummy durch Gerüche interessant zu machen (Futter, Wildgeruch). Will es auch danach nicht klappen, gehört Ihr Hund zu der wirklich verschwindend kleinen Grup-

*Schnelle Bewegungen des Dummys und sein „Hochfliegen" wecken das Interesse des Hundes.*

pe von Hunden, die Jagdprobleme entwickeln, obwohl sie an beweglichen Objekten mit Wildgeruch nicht das geringste Interesse haben – und die uns in unserer langjährigen Arbeit auf diesem Gebiet auch noch nicht untergekommen sind. Sie können dann den folgenden Text in diesem Kapitel überspringen.

## Wie wird der Dummy eingesetzt?

Der Dummy wird zum „Locken" des Hundes genommen. Der Hund soll ihn verfolgen, so wie er ein flüchtendes Stück Wild verfolgen würde, um aus dieser Situation heraus den Rückruf (oder ein Unterbrechungskommando, siehe Seite 145) zu trainieren. Dazu wird der Dummy geworfen oder von einer Hilfsperson am Band oder mit der Reizangel schnell vom Hund wegbewegt. Eigentlich ist es bei der Dummyarbeit immer besser, mit einer Hilfsperson zu arbeiten, denn so können Sie sich voll auf Ihren Hund konzentrieren.

### Reizangel

Eine Reizangel ist ein langer stabiler Bambusstab, an dem der Dummy mithilfe eines langen Bandes befestigt ist. Der Stab soll mindestens eineinhalb Meter lang sein und das Band daran mindestens zwei Meter. Eine große und entsprechend kräftige Person kann auch einen längeren Stab mit längerem Band benutzen. Die Reizangel sollte mit beiden Händen geführt werden, und es empfiehlt sich, die Handhabung vor dem eigentlichen Training mit Hund zu üben; schließlich soll niemandem damit eine Kopfnuss verpasst werden, und der Dummy soll sich nirgendwo verheddern.

## Durchführung

Beim Rückruftraining wird mit dem Dummy eine Situation provoziert, in der der Hund großes Interesse an einem beweglichen, aber kontrollierbaren Objekt hat. Beginnen Sie mit dem Dummytraining kurz bevor Sie anfangen wollen, sich aus der Schleppleine auszuschleichen. Sie können den Hund beim Rückruf nicht nur über die Schleppleine begrenzen, sollte der Hund das Kommando „überhören", sondern auch die „Beute" verschwinden lassen. Damit präsentieren Sie dem Hund neben dem In-die-Leine-Laufen einen zweiten Misserfolg.

Zum Verschwinden der Beute muss die Hilfsperson eng mit Ihnen zusammenarbeiten. Sie lässt die Beute an der Reizangel genau in dem Moment hoch- und „wegfliegen", in dem der Hund in die Leine läuft. Arbeitet man ohne Reizangel, ist es empfehlenswert, den Strick mit dem Dummy um einen Baum zu lenken, sodass man ihn schneller aus der Reichweite des Hundes bekommt. Je nach Gelände muss man zuweilen etwas Fantasie aufbringen. Auf den Bildern dieser Seite haben wir übrigens der Übersichtlichkeit halber mit einer kurzen Leine und einem kurzen, umgelenkten Strick für den Dummy gearbeitet. Ein längerer, umgelenkter Strick oder eine Reizangel haben den Sinn, dass sich der Dummy einerseits schneller bewegt und die Hilfsperson andererseits nicht ganz so unmittelbar mit dem Dummy verknüpft ist. Denken Sie auch hier an die Generalisierung: Üben Sie an verschiedenen Orten mit verschiedenen Hilfspersonen!

*Der Dummy wird mithilfe eines Seils um einen Baum gelenkt (oben links). Überhört der Hund das Kommando (oben rechts), dann „verschwindet" das Dummy in für ihn unerreichbare Bereiche (links).*

# Unterbrechungswort „Off“, „Pfui“, „Aus“, „Nein“

Je nach Hund bleibt bei allen bislang genannten Trainingsbeispielen ein gewisses Restrisiko, dass der Rückruf bei sehr starken Ablenkungsreizen überrannt wird. Insofern können gerade im Bereich des Absicherns und Ausschleichens sogenannte Unterbrechungsworte (Unterbrechungskommandos) nötig werden. Diese müssen selbstverständlich vor der Anwendung im „Anti-Jagd-Training“ entsprechend korrekt und intensiv auftrainiert worden sein.

## Was zu klären ist

Wenn Sie beim Rückruftraining an der Schleppleine unter superspannender Ablenkung oder beim Ausschleichen unter mäßig spannender Ablenkung an einen Punkt gelangen, an dem es einfach nicht mehr weiter zu gehen scheint, wäre der Einsatz solcher Kommandos zu erwägen. Bevor diese zum Einsatz kommen, sollten Sie allerdings durch einige Trainingssequenzen mit Reizangel und Dummy abklären, ob der Stillstand im Training unter Umständen nicht auch an mangelhaftem Timing, einer ungeübten Handhabung der Leine, einer zu schnellen Steigerung der Ablenkung oder am Trainingsort selbst liegen könnte. Überlegen Sie, wodurch Ihr Hund erregt oder gestresst sein könnte, sodass er sich nicht vernünftig auf die Übung konzentrieren kann; denken Sie daran, dass hierbei auch gesundheitliche Probleme eine Rolle spielen können.

## Einsatzgebiete

Unterbrechungsworte sind Kommandos, die dem Hund im Zusammenhang mit einem bestimmten Verhalten einen Misserfolg signalisieren sollen. Wie dieser Informationsgehalt dem Unterbrechungswort auftrainiert wird, wurde zuvor in den Kapiteln zum Lernen und zum Alltagsgehorsam beschrieben. Ein auftrainiertes Unterbrechungswort können Sie beim speziellen Training gegen Jagdprobleme auf zwei verschiedene Arten einsetzen. Zum einen können Sie es nach einem überlaufenen Rückrufsignal anstelle der Wiederholung des Rückrufs platzieren. Zum anderen können Sie unerwünschtes Verhalten damit direkt unterbrechen.

## Unterbrechungswort nach einem nicht befolgten Kommando

Der Trainingsansatz ist der gleiche wie für das Rückruftraining beschrieben (Seite 126). Jetzt wird nur das an lockerer Leine überlaufene erste Rückrufkommando nicht wiederholt, sondern stattdessen durch das „Off" ersetzt. Das „Off" erklingt genau in dem Moment, in dem der Hund in die Leine läuft. Korrekterweise muss das Kommando „Off", wie beim Rückruf auch, knapp vor dem Straffen der Leine erfolgen. Da das „Off" zuvor schon als eigenständiges Signal für Misserfolg auftrainiert wurde, wird

*Überlaufener Rückruf: Das „Off" kommt genau dann, wenn sich die Leine strafft.*

die Verknüpfung zwischen Misserfolg und überlaufenem Rückruf umso massiver. Dazu ist allerdings wichtig, dass zwischen dem ersten Rückruf, dem „Off“ und dem In-die-Leine-Laufen höchstens zwei Sekunden vergehen.

## Sinn und Zweck

Sie können unerwünschtes Verhalten auch mit einem Unterbrechungswort stoppen, statt mit einem Rückruf, und dieses dann so weit trainieren, dass der Hund anfängt, den oder die Auslöser für das unerwünschte Verhalten zu meiden. Meideverhalten ist nicht das Resultat einer Gewöhnung an bestimmte Reize, sondern eine Reaktion auf eine regelmäßig wiederkehrende aversive (unangenehme, negative) Erfahrung im Zusammenhang mit dem jeweiligen Reiz.
Auch hierbei gehen wir davon aus, dass Sie Ihrem Hund das Unterbrechungswort schon für den Alltagsgehorsam beigebracht haben. Jetzt wird das Kommando immer dann benutzt, wenn der Hund ein klar erkennbares unerwünschtes Verhalten zeigt. „Klar erkennbar“ heißt, dass nicht nur das Verhalten des Hundes eindeutig ist (Fährte verfolgen, bei Wildanblick in die Leine springen), sondern dass die jeweiligen Auslösereize für das unerwünschte Verhalten klar erkennbar sind. Das bedeutet, dass Sie nicht nur irgendwann bemerken: „Ach, er schnuppert wieder!“, sondern dass Sie genau in dem Moment reagieren, wenn die Nase auf den Boden geht. Im Folgenden wird der Einsatz des Unterbrechungsworts am Beispiel des Fährten verfolgenden Hundes beschrieben.

## Grundsätzliches zum Training

Wenn Sie Ihr „Off“ jedes Mal benutzen, wenn er die Nase zum Schnuppern senkt, ist die Information anfangs nicht eindeutig, denn der Grund zum Schnuppern ist wahrscheinlich nicht jedes Mal derselbe. Hier würden Sie extrem viele Wiederholungen brauchen, bis Ihr Hund das Schnuppern ganz aufgibt – aber das wäre nicht im Sinne des Erfinders, denn an bestimmten Gerüchen muss Ihr Hund auch weiterhin schnuppern dürfen, wenn er ein hundegerechtes Leben führen soll. Besser ist es also, für das Schnuppern tatsächlich kontextabhängig, also orts- und situationsabhängig ein Meiden zu erreichen.

## Durchführung

### 1. Schritt: Meideverhalten entwickeln

Trainieren Sie gezielt mit dem angeleinten Hund in zwei bis drei gefährlichen Gegenden, in denen er vielleicht schon einmal einer Spur folgend verschwunden ist.

Jetzt warten Sie, bis der Hund mit der Nase am Boden erkennbar vorangeht und dabei vielleicht auch vom Weg ab zukommen droht. Nun kommt Ihr „Off“ und natürlich die Belohnung, wenn es erfolgreich war. Das „Off“ muss dabei deutlich und prompt kommen, und es sollte das Verfolgen der Spur auch mit 95-prozentiger Sicherheit sofort unterbrechen. Ist dies nicht der Fall, muss das „Off“ noch intensiver als reines Unterbrechungswort mit mäßig spannenden Ablenkungsreizen hochtrainiert werden,

*Woran schnuppert der Hund? Bei der selbstgelegten Fährte wissen Sie es.*

bevor Sie wieder in das gefährliche Gelände gehen. Sie müssen dazu auch abschätzen lernen, beim wievielten Schritt auf der Spur das „Off“ am besten platziert werden soll. Es darf nicht zu spät kommen, doch es muss auch erkennbar sein, dass der Hund wirklich einer Spur nachgeht. Bei einigen Hunden kann es deshalb empfehlenswert sein, zunächst gezielt Fährten zu legen und damit zu üben. So lernen Sie Ihren Hund in einer kontrollierten Umgebung besser kennen. Wie mit gezielten Fährten gearbeitet wird, ist auf Seite 174 beschrieben. Wenn Sie im Wald mit Wildfährten üben, ist es sinnvoll, die gleiche Strecke mehrmals zu gehen. Dann wissen Sie beim zweiten Mal schon, wo Spuren zu erwarten sind, und können das „Off“ gezielter platzieren (z.B. gerade dann, wenn der Hund die Nase auf den Boden gesenkt hat). Üben Sie auf dieser Strecke so häufig (mit kleinen Pausen), bis Ihnen auffällt, dass der Hund keine Anstalten mehr macht, die Nase auf den Boden zu senken, und so aussieht, als würde er angestrengt zur anderen Seite gucken, während er an der Spur vorbeigeht. Jetzt haben Sie durch das regelmäßige „Off“ ein Meideverhalten ausgelöst, das auch belohnt werden muss, damit es sich stabil etabliert; das „Off“ selbst darf beim erkennbaren Meiden nicht mehr gegeben werden, denn damit würden Sie das Meiden mit „Off" belegen, und das würde Ihren Hund zu Recht verwirren.

### 2. Schritt: Distanz zum Hund erhöhen

Üben Sie anfangs an der kurzen Leine. Später greifen Sie auf die Schleppleine zurück, mit der Sie die Distanz zum Hund erhöhen. Wie bei den vorherigen Trainingsansätzen auch, sollten Sie den Trainingsort mehrmals pro Woche wechseln, damit eine gewisse Generalisierung für die Signalkombination „Wald, Waldweg, Duftspur Wild" für die gefährlichen Gebiete stattfinden kann. Es ist allerdings sinnvoll, das komplette Programm bis zum Meiden nur im Wald beziehungsweise nur in dem gefährlichen Gebiet, in dem Sie häufiger Gassi gehen, zu üben. Sonst verzetteln Sie sich zu leicht und bauen eventuell kein verlässliches Meideverhalten auf.

## Wenn es nicht klappt

» Wenn Ihr Hund auf das „Off" hin nicht den Kopf vom Boden nimmt, müssen Sie das „Off" zunächst an ablenkungsärmeren Orten noch intensiver trainieren.

» Wenn Ihr Hund zwar jedes Mal gut auf das „Off" reagiert, Sie aber auch nach dem zehnten Entlanggehen an der Spur kein Meiden beobachten können, wurde das „Off" eventuell mit dem falschen Informationsgehalt auftrainiert. Ein „Off" kann bei fehlerhaftem Training zu einem zusätzlichen Signal für „Guck mich jetzt bitte an" oder „Guck mal schnell zur Seite" werden. Dann wendet sich der Hund zwar auch von der Spur ab (sonst könnte er Sie z.B. nicht ansehen), aber dem „Off" fehlt die Misserfolgsinformation, und das Meideverhalten wird sich nicht entwickeln können. Hier müssen Sie von Grund auf ein neues Unterbrechungssignal auftrainieren, wie auf Seite 92 beschrieben.

*Er reagiert zwar korrekt auf das erste „Off", schnüffelt aber auf dem Rückweg weiter.*

## Warum das „Off" nicht immer klappt

Theoretisch eignet sich auch das Verfolgen von Wild, um es mit einem „Off" zu belegen und ein Meideverhalten zu erreichen. Auch dies ist eine eindeutige Situation, was den Auslöser und das gezeigte unerwünschte Verhalten anbelangt. Hier kann es außerhalb eines Wildparks allerdings schwierig werden, die gewünschte hohe Wiederholungsrate im Training zu erreichen.

*Vermeiden Sie es, dem „Off" über einen Zug mit der Leine Nachdruck zu verleihen.*

Am besten geht es vielleicht noch auf Kaninchenwiesen, auf denen man bis zum Meideverhalten trainieren kann – erfahrungsgemäß aber meist auch nur bis zu dem Punkt, an dem die Kaninchen noch nicht schnell über die Wiese flitzen. Außerhalb solcher Orte (Wildpark, Kaninchenwiese) wird das Training wirklich problematisch und insofern dient dieser Absatz eher der Vollständigkeit. Bei wenigen individuellen Hunden mag das „Off" geeignet sein, für den Anblick von sich frei bewegendem Wild ein Meiden zu erreichen; für das Gros der Hundepopulation sollte der Trainingsschwerpunkt sicherheitshalber beim Rückruf liegen, der mit dem „Off" zusätzlich abgesichert wird.

## Achtung, Stress!

Ein Unterbrechungswort wie „Off" kann bei Hunden Stress auslösen und damit Lernerfolge be-/verhindern. Je intensiver die Misserfolgsmeldung zuvor auftrainiert wurde, desto massiver kann Stress im Training ausgelöst werden, wenn man damit nicht akkurat arbeitet. Akkurat mit einem Unterbrechungswort zu arbeiten, bedeutet, es wirklich genau in dem Moment zu geben, in dem der Hund das unerwünschte Verhalten zeigt, nicht eher und schon gar nicht später beziehungsweise mehrmals hintereinander. Das „Off" darf immer nur einmal gegeben werden. Anschließend wird der Hund sofort für erwünschtes Verhalten belohnt. Wird das Belohnen (also die Erfolgsmeldung für ein bestimmtes Verhalten) vergessen, wird der Hund sich

*Das „Off“ wurde gegeben, als sich der Hund gerade dem Kaninchen näherte.*

*Hier würde das „Off“ zu spät für ein effektives Training kommen.*

seinen Erfolg auf Dauer selbst suchen. Das bedeutet, dass er sein Jagdverhalten vielleicht nur ändern wird, ohne es zu reduzieren. Doch das können Sie im Training nicht gebrauchen, denn dadurch steigt das Risiko von unkalkulierbaren Ernstfällen und das Training wird komplizierter. Durch den ausgelösten Stresszustand (Stress, da Ihr fehlerhaftes „Off“ den Hund verunsichert) steigt zudem der Erregungslevel Ihres Hundes, und weitere/andere Signale werden unter Umständen gar nicht mehr zu ihm durchdringen.

## Fehleranalyse

Dort, wo der Hund das erste „Off“ im Training überläuft, muss eine Fehleranalyse vorgenommen werden (siehe „Aufmerksamkeitssignal“), und Sie müssen im Training zu dem Schritt zurückgehen, der noch erfolgreich war.

Wenn allerdings beim Rückruf das „In-die-Leine-Springen“ beim überlaufenen Signal konsequent und korrekt mit dem „Off“ belegt werden kann, bekommt der Rückruf neben dem Informationsgehalt: „Umdrehen und zum Menschen zurückkehren!“, parallel den Informationsgehalt: „Nach vorn lauert Misserfolg, aber wenn ich umdrehe, werde ich belohnt!“ Die Handlung des Umdrehens als solches kann nach vielen Wiederholungen tatsächlich zu einer Art belohnendem Verhalten werden, denn sie hilft den Hund, den Misserfolg zu vermeiden. Das Rückrufkommando wird damit umso sicherer.

# Steigerungen des „Off" durch Hilfsmittel

Bei Hunden, bei denen das Jagen einen so hohen Stellenwert hat, dass die bisherigen Maßnahmen nicht fruchten, kann man abwägen, ob der Einsatz von Hilfsmitteln sinnvoll wäre.

## Wann man darüber nachdenken sollte

Hierbei geht es um Hunde die weiterhin ein gewisses Jagdproblem haben, obwohl die Besitzer die zuvor in diesem Buch beschriebenen Maßnahmen konsequent umgesetzt haben.

Es ist vielleicht etwas kleiner geworden, und die Kontrolle über den Hund wurde etwas verbessert, und dennoch können diese Besitzer nicht auf die permanenten Managementmaßnahmen verzichten und können ihren Hund kaum unangeleint laufen lassen.

Es gibt Hunde, für die das Jagen so einen hohen Stellenwert hat, dass mit den zuvor geschilderten Maßnahmen nur ein Teilerfolg zu erreichen ist. Dann muss abgewogen werden, welche Einschnitte an Lebensqualität permanentes Management und permanenter Leinenzwang für den Hund bedeuten. Wenn man zu dem Schluss kommt, dass die Einschränkung an Lebensqualität für den Hund zu hoch ist, können Hilfsmittel als Steigerung des „Off" eventuell angebracht sein.

## Keine Schmerzen zufügen

Dabei muss deutlich zwischen aversiv (unangenehm) und stark aversiv unterschieden werden. Stark aversive Maßnahmen wollen die wenigsten Menschen ihren Hunden zufügen.

Man braucht sie auch nicht, um effektiv trainieren zu können. Das Tierschutzgesetz gibt hierbei die Grenze vor, innerhalb derer man sich beim Training beziehungsweise bei der Erziehung bewegen darf. Es ist ein Tabu, den Hund durch die Zufügung von körperlichen Schäden und damit durch das gezielte Zufügen von Schmerzen zu trainieren. Es sollte genau so ein Tabu sein, den Hund unter starkem psychischem Druck zu trainieren, und dieses eventuell dauerhaft. Derartig ausgelöste Stresszustände erfüllen den Tatbestand des Leidens, ein Begriff aus dem Tierschutzgesetz. Dazu reduziert der durch Schmerzen oder psychischen Druck erzeugte starke Stresszustand das Lernvermögen des Hundes. Ein Teufelskreis beginnt, an dessen Ende nur Verlierer stehen, und das Problem dennoch nicht gelöst wird.

## Beispiel: Stress beim jagenden Hund

Ein Stresszustand entsteht, wenn die erlebte Realität des Hundes mit seiner aktuellen Erwartungshaltung nicht übereinstimmt. Der Hund wird dann Verhaltensweisen zeigen, die seiner Meinung nach geeignet sind, die Realität mit der Erwartung in Deckung zu bringen. Sind Erwartungshaltung und Realität deckungsgleich, ist für den Hund ein Belohnungszustand erreicht. Die Stressreaktion des Körpers lässt nach und Lernvorgänge können stattfinden.

*Auf ein weitestgehend stressfrei gelerntes Kommando kann der Hund später auch in stressreichen Situationen korrekt reagieren.*

Gelingt ihm diese Deckung nicht, entsteht ein länger andauernder Stresszustand, der irgendwann unter Umständen auch einen Leidenszustand erzeugt. An Beispielen lässt sich diese abstrakte Definition besser verdeutlichen. Stellen Sie sich folgendes Szenario vor: Ihr Hund springt einem Reh hinterher. Seine Erwartung ist, dies ungestört zu tun und damit Erfolg zu haben. Wenn sich der Erfolg nicht nach dem ersten Sprung einstellt (Realität ist: das Reh flieht), folgt ein zweiter Sprung und so fort. Das Verhalten des Hetzens ist jetzt für den Hund das beste Verhalten überhaupt, um sich die Chance auf Erfolg zu erhalten. Ist das Reh schneller, wird beim Hund irgendwann Frustration einsetzen und damit ein stärkerer Stresszustand. Der Hund wird jetzt ein anderes Verhalten zeigen, um dieser Frustration zu entgehen. Er wird das Hetzen abbrechen und versuchen, auf anderer Ebene zum Erfolg, also zur Belohnung im weitesten Sinne, zu gelangen. Er könnte wieder mit Stöbern anfangen, oder er könnte zu Ihnen zurückkehren, weil bei Ihnen auch mit großer Chance eine Belohnung wartet; die Belohnung muss kein Leckerli sein, aus der Sicht des Hundes kann es ausreichen, wieder mit dem Sozialpartner zusammen zu sein. Bei Ihnen angekommen hat der Hund genau diese Erwartungshaltung: freundliche Wiedervereinigung mit dem Sozialpartner. Wenn Sie jetzt dem Hund gegenüber mit Aggression reagieren (z.B. Schimpfen), entspricht die Realität nicht der Erwartung des Hundes, und Stress stellt sich wieder oder stärker ein. Der Hund wird Verhaltensweisen zeigen, die geeignet sind, Ihre Aggression abzuschwächen. Er könnte z.B. Demutsverhalten zeigen. Wenn Sie daraufhin freundlich reagieren, ist für den Hund die Realität wieder seiner Erwartung entsprechend und der Stresslevel sinkt. Wenn Sie weiterschimpfen, bleibt der Stresszustand bestehen. Und so langsam, aber sicher bekommt der Hund ein Problem. Er wird handlungsunfähiger, denn seine Möglichkeiten Ihre Aggression abzumildern,

*Je ritualisierter ein Kommando befolgt wird, desto sicherer wird es. Der Hund muss sich dafür darauf verlassen können, dass auf das Kommando „Hier“ nach der Rückkehr zum Besitzer niemals etwas Unangenehmes folgt.*

werden kleiner. Dies bedeutet eine enorme Steigerung des Stresszustands, und um diesen abzubauen, kann der Hund plötzlich andere, neue Verhaltensweisen zeigen. Zum Beispiel rennt er noch einmal schnuppernd in den Wald oder er reagiert aggressiv. Eventuell zeigt der Hund diese Verhaltensweisen auch erst, wenn sich die ganze Geschichte noch einmal wiederholt. Er könnte beim nächsten Hetzen nicht ganz zu Ihnen zurückkommen oder tatsächlich stöbern gehen.

## Rituale etablieren

Ähnlich kann man sich den Ablauf beim Einsatz eines Unterbrechungswortes vorstellen. Sauberes Training von Kommandos bedeutet im Grunde nichts anderes, als Rituale für den Hund zu etablieren, mit denen er akute Stresszustände vermeiden oder verringern kann. Wieder hetzt Ihr Hund ein Stück Wild. Jetzt kommt Ihr „Off“ oder Ihr Rückruf, der den Erfolg in Richtung Reh kurzfristig geringer werden lässt.

Der Hund verharrt kurz aufgrund der vorher auftrainierten Misserfolgsinformation im „Off“/Rückruf. Währenddessen ist das Reh weitergerannt – die Chance, Erwartung (Reh erwischen) und Realität (Distanz zum Reh ist zu groß dafür) in Deckung zu bringen, wird kleiner. Aber in der anderen Richtung, nämlich bei Ihnen, gibt es eine Chance zum Stressabbau. Der Hund hat durch das vorgeschaltete Training gelernt, dass es sich lohnt, zu Ihnen zurückzukommen. So hat er eine Handlungsalternative, die ihm Stressabbau garantiert. Er wird diese Alternative nutzen, wenn Ihr vorheriges Training entsprechend sorgfältig und intensiv war und dadurch das Befolgen des Rückrufes die einzig mögliche beziehungsweise beste Alternative in der gegebenen Situation ist. Wenn er allerdings eine extrem hohe Motivation zum Jagen besitzt, haben Sie Schwierigkeiten, ihm das Zurückkommen als Handlungsalternative effektiv aufzutrainieren. Bei solchen Hunden wäre dann der Einsatz von Hilfsmitteln abzuwägen.

## Als Problemlöser angepriesen

Im Handel sind Trainingshilfsmittel erhältlich, die beim Hund negative Empfindungen erzeugen. Da diese Hilfsmittel weitverbreitet sind und unserer Erfahrung nach häufig nicht korrekt eingesetzt werden, sollen sie in diesem Buch auch kurz angesprochen werden. Die Hilfsmittel werden leider gern als alleinige und sofortige Problemlöser angeboten und zu oft und zu schnell ohne entsprechendes Vortraining eingesetzt. Dabei sollten sie, wie gesagt, erst zum Einsatz kommen, wenn mit anderen Trainingsansätzen und intensivem Üben kein Erfolg zu verzeichnen ist; ihr Einsatz muss gut geplant werden und sie stellen mitnichten eine einfache und absolute Lösung eines Jagdproblems dar.

## Sichere und unsichere Hunde

Allen Trainingshilfen ist gemein, dass sie (bei korrekter Anwendung) eine Steigerung des „Off" darstellen. Bei unsicheren Hunden, die mäßig bis stark jagdbegeistert sind, reicht in der Regel das „Off". Bei sehr sicheren Hunden und bei unsicheren Hunden, die extrem jagdbegeistert sind, können stärkere Unterbrechungssignale nötig werden. Gerade bei unsicheren Hunden muss der Einsatz dieser Hilfsmittel jedoch sehr intensiv abgewogen werden. Sie müssen sehr vorsichtig eingesetzt werden, denn Misserfolgsmeldungen lösen zusätzlich eine gewisse Unsicherheit beim Hund aus. Auf diese Problematik wird später noch genauer eingegangen (Seite 159).

## Die Fisher Disks

Die Fisher Disks® sind z.B. solch ein Hilfsmittel. Es handelt sich hierbei um mehrere Metallscheiben, die zusammen an einem Ring befestigt sind und beim Schütteln ein vielfrequentes Geräusch produzieren. Sie werden im Gebrauch nicht dem Hund hinterhergeworfen; sie werden in der Hand geschüttelt, und das Geräusch stellt dann das Unterbrechungskommando dar!
Die Disks werden auf genau die gleiche Art und Weise auftrainiert wie das akustische Unterbrechungskommando – mit einem kleinen Unterschied: Beim „Off" sind Sie derjenige, der dem Hund Misserfolg und Erfolg gleichermaßen mitteilt (siehe Seite 92). Für das Auftrainieren der Disks benötigen Sie eine Hilfsperson, die für die Misserfolgskomponente zuständig ist.
Bei sicheren Hunden präsentiert die Hilfsperson das Objekt (z.B. ein Leckerli in der Hand) und verweigert es dem Hund, während sie gleichzeitig die Disks schüttelt, wenn der Hund das Objekt nehmen will. Sie selbst belohnen nur das

erwünschte Verhalten und ignorieren alle fehlerhaften Versuche des Hundes. Erwünscht wäre es z.B., wenn sich der Hund beim Klirren der Scheiben von Objekt und Hilfsperson weg zu Ihnen hin orientiert. Solange er versucht, an das Leckerli zu kommen, oder ganz woanders hinläuft, wird er ignoriert.

Bei unsicheren Hunden ist der Trainingsaufbau etwas anders. Hier ist die Hilfsperson nur für das Schütteln der Disks zuständig. Sie halten den Hund an der Leine und verhindern dadurch, dass er zu einem auf den Boden geworfenem Leckerli gelangen kann. Der Helfer schüttelt die Disks hinter seinem Rücken ganz knapp vor dem Moment, in dem sich die Leine strafft, weil der Hund versucht, das Leckerli zu erreichen. Dreht sich der Hund dann zu Ihnen um, belohnen Sie. Auch hierbei wird nicht an der Leine geruckt. Sie stellt einfach nur eine Grenze dar, und Sie müssen das Leckerli gezielt so werfen, dass der Hund es gerade nicht erreichen kann, wenn er an der Leine zieht.

*Der Gebrauch stärker aversiver Hilfsmittel muss sorgfältig abgewogen werden. In dieser Trainingssituation hätten sie nichts zu suchen, da sie nur unnötig Stress erzeugen würden. Hier wird der Hund für das gut ausgeführte Platzkommando belohnt.*

*Vermeiden Sie solche Situationen. Ein Hund, der seinen Trainer meidet, kann nicht lernen.*

## Unangenehmes Klingeln

Allein aufgrund der Hilfsperson ist das Auftrainieren der Disks für einen Hund mit deutlich mehr Stress verbunden als das Auftrainieren eines „Off“: Die Hilfsperson stellt einen stärkeren Unsicherheitsfaktor dar. Deshalb ist auch die Misserfolgsmeldung der Disks qualitativ größer. Außerdem empfinden viele Hunde das Klirren der Scheiben an sich schon als unangenehm (als leicht aversiv). Diese Punkte führen dazu, dass die Disks bei bestimmten Hunden ein deutlich effektiveres Unterbrechungskommando sein können als das „Off“. Mit anderen Worten: Das Geräusch der Disks stellt in der Regel ein deutlich aversiveres (= unangenehmeres) Signal dar als ein akustisches „Off“. Dadurch ist auch das Risiko von Fehlverknüpfungen (siehe Seite 149) bei ungenauer Handhabung größer. Was zum akkuraten Einsatz beim „Off“ gesagt wurde, gilt doppelt und dreifach für die Disks.

## Bleibende Eindrücke

Gerade weil die Disks bei bestimmten Hunden so bleibende Eindrücke hinterlassen können, muss man sie im Training sorgfältig einsetzen und nicht pauschal als Ultima Ratio benutzen. Die Disks dürfen erst zum Einsatz kommen, wenn Sie im Aufmerksamkeits- und Rückruftraining schon so weit vorangekommen sind und sich das akustische „Off“ als nicht ausreichend erwiesen hat. Genau dann sind Sie vermutlich auch erst in der Lage, dieses Hilfsmittel im Timing und in der Situation korrekt einzusetzen.

Probieren Sie jedoch unbedingt vorher, ob nicht das Geräusch allein schon extrem unangenehm ist, indem Sie die Disks in einer leichten Distanz zum Hund schütteln. Ist das reine Geräusch Ihrem Hund sehr unangenehm, würden die Disks für das Training grundsätzlich ausscheiden. Sie könnten nicht mehr exakt als Misserfolgsmeldung auftrainiert werden. Wenn Sie sich aufgrund der Reaktionen Ihres Hundes nicht sicher sind, ob das Geräusch nur leicht aversiv oder schon extrem aversiv empfunden wird, bitten Sie eine fachkundige Trainerin oder einen fachkundigen Trainer um Rat. Empfindet Ihr Hund das Geräusch an sich nur leicht aversiv, können Sie die Disks mit Sorgfalt einsetzen. Wird das Geräusch als extrem aversiv empfunden, könnte die Anwendung im Training Panikzustände mit völlig unvorhersehbarem Verhalten auslösen. Das darf man dem Hund nicht zumuten. Außerdem würde der Trainingserfolg leiden.

## Beispiel: Falsche Verknüpfung

Unser deutlichstes Beispiel unter dem Aspekt der Geräuschangst stellt eine Hündin dar, die beim ersten Hören der Disks mit einer kurzen Panik reagierte (mit weiteren Geräuschängsten war und ist sie nie aufgefallen). Die Hündin zeigte direkt vor Ort gegenüber der Trainerin, die die Disks einmal geschüttelt hatte, deutliche Angst und Ausweichverhalten. Deshalb sollte das nächste Training (ohne Disks!) erst wieder in einer Woche und mit einer anderen Trainerin, aber am gleichen Ort stattfinden. In der Zwischenzeit ging die Besitzerin sogar mehrmals mit dem Hund an diesem Ort Gassi. Obwohl es eine fremde Trainerin war, kam es eine Woche später durch Verknüpfung des gesamten Kontextes (Ort, Besitzerverhalten, Kommandos) zu einer Signalverkettung – innerhalb von Minuten nach Trainingsbeginn zeigte die Hündin auch gegenüber der neuen Trainerin eine deutliche Angstreaktion und an Training war nicht zu denken. Dies ist tatsächlich unser dramatischstes Beispiel für „unerwünschte Nebenwirkungen".

Tipp

### *Vorsichtig annähern*

Nichtsdestotrotz empfehlen wir, bei Hunden mit unerwünschtem Jagdverhalten im Training immer abgestuft vorzugehen und derartige Hilfsmittel wie die Disks nicht pauschal einzusetzen. Solange kein Aufmerksamkeitssignal und kein Rückrufsignal bis in mäßig spannenden Ablenkungssituationen erfolgreich trainiert wurden, haben solche Hilfsmittel im Training generell nichts zu suchen.

## JetCare®-Halsbänder

Auf ein weiteres Hilfsmittel soll noch kurz eingegangen werden: Halsbänder, die per Fernauslöser Luft oder Flüssigkeit kurz und heftig von unten gegen die Schnauze des Hundes pusten. Solche Geräte gibt es z.B. unter dem Namen JetCare® im Handel. Luft- oder Flüssigkeitsausstoß wirken aversiv, weil sie den Hund kurzfristig mehr oder weniger leicht erschrecken und damit verunsichern. Diese Geräte brauchen hinsichtlich der Misserfolgsmeldung nicht vortrainiert zu werden wie das „Off“ oder die Disks. Ihre Unterbrechungsfunktion liegt in eben diesem Schreck begründet. Damit sind auch die Risiken in der Anwendung bei generell unsicheren Hunden die gleichen wie bei den Disks, und der Einsatz dieser Halsbänder muss entsprechend sorgfältig abgewogen werden. Auch hier haben Sie, wie bei den Disks, ein stärker aversives Signal als das „Off“. Genau aus diesem Grund ist auch bei diesem Hilfsmittel wieder extrem sauberes, akkurates Arbeiten nötig.

*Wenn der Fernauslöser gedrückt wird, sprüht das Gerät einen kurzen Flüssigkeitsstoß nach oben heraus.*

*Dieser Hund kennt das Sprühhalsband. Er hechelt, weil ihm warm ist, und nicht, weil er vom Tragen des Halsbands generell gestresst ist oder weil es gerade benutzt wurde.*

Sinnvoll könnte es z.B. zur Absicherung eingesetzt werden, wenn Sie bei einem sehr jagdbegeisterten Hund beginnen, sich aus der Schleppleine auszuschleichen. Aber auch hier müssen Sie vorher sorgfältig das vorherige Training hinsichtlich eigener Fehler überdenken. Wenn es tatsächlich so sein sollte, dass Sie korrekt gearbeitet haben und die jeweiligen Trainingsstufen, z.B. von kurzer zur langen Leine oder das Auftrainieren des „Off", nicht zu schnell aufeinandergefolgt sind, kann es wirklich sein, dass Ihr Hund eine so extreme Jagdleidenschaft hat, dass jetzt solche Hilfsmittel nützlich sein können. Die Alternative wäre natürlich, den Hund in bestimmten Gegenden einfach nicht mehr von der Leine zu lassen.

## Durchführung

In der konkreten Anwendung unterscheiden sich die Halsbänder nicht von einem „Off" oder den Disks: Sie werden als aversiver Reiz benutzt. Halsband oder Disks werden im Training allerdings kombiniert mit dem „Off" eingesetzt, wenn der Hund das Rückrufkommando an der Schleppleine überläuft, um dessen Wirkung auf Dauer zu intensivieren. Genau wie bei den anderen Unterbrechungskommandos muss der aversive Reiz quasi in dem Moment kommen, in dem sich die Schleppleine strafft. Auf keinen Fall deutlich eher oder später; und es darf definitiv nicht mehrmals auf den Fernauslöser gedrückt werden. Wie beim „Off" auch, sollte das dann folgende erwünschte Verhalten des Hundes belohnt werden. Das Diskgeräusch oder das Zischen/Sprühen als aversiver Reiz wird den Hund in der Vorwärtsbewegung unterbrechen, während gleichzeitig das Leinenende direkt stoppt. Der Hund erfährt also für sein Vorspringen einen doppelten und dreifachen Misserfolg. Das Zurückkehren zum Besitzer gibt dem Hund dann die Erfolgsmeldung (Belohnung). Im Folgenden ist die Durchführung Schritt für Schritt für den Einsatz eines Sprühhalsbandes dargestellt. Die Arbeit mit den Disks wäre analog mit dem Unterschied, dass diese zuvor auftrainiert werden müssten (siehe Seite 156) und dass die Gewöhnung unter Schritt 2 entfällt.

### 1. Schritt: Finden Sie die Situation heraus

Definieren Sie die Situationen/Ablenkungen, bei denen der Rückruf nicht mehr klappt und bei denen auch die Verstärkung mit dem „Off" wirkungslos blieb. Damit können Sie für sich ein Trainingsszenario entwickeln. Sie haben jetzt einen Ort und eine Situation, unter der mit dem Halsband trainiert wird.

## 2. Schritt: An das Halsband gewöhnen

Lassen Sie den Hund das Halsband über 10 bis 14 Tage einfach nur tragen, während Sie mit ihm möglichst täglich kurz an diesem Ort spazieren gehen. Der Spaziergang ist natürlich unter Schleppleinenkontrolle; trainiert wird an diesem Ort aber ansonsten nicht. Diese Gewöhnungsphase an das Halsband ist wichtig, damit das Halsband später nicht zu einem zu eigenständigen Signal für „Jetzt geht's nicht weiter" wird.

## 3. Schritt: „Zisch" im richtigen Moment

Nach der Gewöhnung beginnen Sie mit dem konkreten Training. Das an lockerer Leine überlaufene erste Rückrufkommando wird nicht wiederholt. Stattdessen wird „Off" gesagt und parallel das Zischen ausgelöst. Das „Off" und das Zischen sollen genau in dem Moment kommen, in dem der Hund in die Leine läuft. Damit wird die Verknüpfung zwischen Misserfolg und überlaufenem Rückruf umso massiver. Wie beim Rückruftraining ist auch hier wichtig, dass vom Moment des ersten Rückrufs bis zum „Off" und dem Zischen mit parallelem In-die-Leine-Laufen höchstens zwei Sekunden vergehen. Bedenken Sie, dass zwei Sekunden auf der einen Seite vielleicht schnell vergehen, ein Hund andererseits aber in zwei Sekunden diverse Meter zurücklegen kann. Ihre motorische Kontrolle und Ihr Timing entscheiden hier maßgeblich über Erfolg oder Misserfolg bei der Anwendung dieses Hilfsmittels. Wenn Sie zuvor das eigentliche Rückruftraining und danach, wo nötig, die Anwendung des Unterbrechungsworts „Off" intensiv durchgearbeitet haben, sollten sowohl Timing als auch Motorik so gut sein, dass Sie mit einem Halsband effektiv arbeiten können. Effektiv bedeutet dabei für uns immer auch, dass der Stresslevel des Hundes niedrig bleibt und keine starke Verunsicherung ausgelöst wird. Wenn Sie sich über Ihre eigenen Fähigkeiten im Zweifel sind, sollten Sie allerdings lieber einen erfahrenen Trainer beziehungsweise eine Trainerin fragen.

## 4. Schritt: Ausschleichen aus der Schleppleine

Wenn Sie auf diese Weise Ihren Rückruf auch in der superspannenden Ablenkung regelmäßig erfolgreich platzieren können, beginnen Sie mit dem Ausschleichen aus der Schleppleine, während der Hund das Halsband noch trägt.

## 5. Schritt: Das Halsband zum Schluss

Das Halsband wird abgenommen, wenn der Hund nach dem Ausschleichen der Schleppleine unter superspannender

Ablenkung mehrere Male hintereinander das erste Rückrufkommando nicht überlaufen hat. Jetzt sollte das Rückrufkommando für den Ernstfall einsetzbar sein. Vergessen Sie aber nicht, es auf jedem Spaziergang auch weiterhin einige Male „einfach so" zu üben.

### 6. Schritt: Erneuter Einsatz nach Rückfall

Wenn der Hund dann nach (hoffentlich diversen) Monaten das Rückrufkommando wieder überlaufen sollte, wird das Halsband sofort wieder eingesetzt.

Unserer Erfahrung nach würde bei diesem ersten Überlaufen des Rückrufs das „Off" allein noch ausreichen, um den Hund zum Umkehren zu bewegen. Sie sollten jetzt aber trotzdem das „Off" sofort mit dem Halsband verstärken. Erfahrungsgemäß braucht man dann nur ein bis zwei Trainingssequenzen, um danach wieder einen verlässlichen Rückruf zu haben. Dieser wird dann meist auch länger verlässlich bleiben als nach dem ersten Trainingsdurchgang mit Halsband.

*Der Hund kann das Halsband bei Gehorsamsübungen tragen, aber benutzen Sie es nicht.*

*Bei der Kriechübung hätte nicht einmal ein „Off" etwas zu suchen.*

## Wenn es nicht klappt

Neben dem schon genannten Punkt, dass bei inkorrekter Anwendung schnell starker und vor allen Dingen anhaltender Stress erzeugt werden kann, gibt es mit diesen Hilfsmitteln einige Problempunkte, die unbedingt erwähnt werden sollten. Im Grunde empfehlen wir für beide Hilfsmittel, dass Sie sich von einem Experten/einer Expertin beraten lassen, der/die Ihnen auch eine fundierte praktische Einweisung mit der nötigen Sachkunde gibt.

» Der Hund bleibt zwar stehen, dreht sich aber nicht um und kommt auch nicht zurück. Versuchen Sie zunächst, die Ablenkungsreize in der Umgebung leicht zu reduzieren. Ist dies nicht machbar oder der Hund bleibt immer noch mit Blick nach vorn stehen, geben Sie kurz nach dem Stoppen noch einmal das Rückrufsignal als wirklich freundliches Angebot (locken Sie ihn). Kommt der Hund, gibt es die Belohnung.
Über entsprechende Wiederholungen erreichen Sie dann, dass er nach dem Abstoppen zügiger umdreht, und zu Ihnen kommt. Wenn der Hund sich nach dem Abstoppen zwar umdreht aber trotzdem nicht zurückkommt, gilt das eben Gesagte. Ganz wichtig ist, dass das Zurückkommen zum Besitzer immer umso toller und angenehmer sein muss, je stärker man zuvor aversive Reize eingesetzt hat.

» Wenn sich der Hund nach dem Zischen klein macht und/oder den Schwanz einklemmt und/oder seine Ohren anlegt, zeigt er, je nach Intensität, eine Unsicherheits- oder Angstreaktion.
Bei Unsicherheit kommt es zu dem eben beschriebenen Ausdrucksverhalten, und dazu werden die Hunde leicht vorsichtig und verhalten in den Bewegungen; der Hund könnte genau dann zum Beispiel auch stehen bleiben.
Hierbei ist es besonders wichtig, dass der zweite Rückruf ganz freundlich und lockend gegeben wird. Bei einer Angstreaktion haben Sie zu dem beschriebenen Ausdrucksverhalten oft ein kurzes Schreckgeräusch und meist stärkeres Fluchtverhalten.
Wenn der Hund dabei zu Ihnen flüchtet, ist das noch „praktisch", wenn er in Panik versucht, in eine andere Richtung zu kommen, hängt er sich an der Schleppleine fest, und die Situation wird immer stressreicher und auch gefährlich. Solch eine Angstreaktion darf nicht im Training eintreten. Sie ist dem Hund zum einen nicht zuzumuten, zum anderen macht sie Ihre zuvor erarbeiteten Trainingserfolge unter Umständen völlig zunichte. Wenn Sie einen unsicheren Hund haben und sich über dessen Reaktion auf das Zischen nicht sicher sind, lassen Sie sich und Ihren Hund im Training lieber von einem Fachmann oder einer Fachfrau begleiten, oder verzichten Sie auf diese Hilfsmittel.

» Es besteht ein generelles Risiko für Fehlverknüpfungen, wenn Unsicherheit oder Angst ausgelöst wurde. Im schlimmsten Fall kann der Hund Sie mit dem aversiven Reiz verknüpfen und in Zukunft Ihnen gegenüber Angst zeigen. Wenn Angst ausgelöst wird, besteht auch immer ein gewisses Risiko, dass ein Hund aggressiv reagiert.

*Wenn der Hund nach Gebrauch der aversiven Hilfsmittel Angst oder Unsicherheit zeigt, muss ein zweiter Rückruf ganz freundlich und lockend gegeben werden.*

» Die Disks müssen Sie immer mitnehmen. Wenn Sie sie einmal auf einem Spaziergang vergessen, haben Sie für einen möglichen Ernstfall keine Alternative dazu! Ihr „Off" haben Sie letztendlich immer bei sich.

» Die Disks können manchmal schon ein Geräusch verursachen, wenn man sie nur aus der Tasche zieht. Im Zweifelsfall kann Ihnen dieses Geräusch Ihr Training kaputt machen. Sie müssen sie also auf Spaziergängen schon immer sehr sorgsam in der Hand halten, damit Sie sie rechtzeitig zücken können.

» Das Sprühhalsband ist direkt am Hund und bekommt unter Umständen auch eine Signalwirkung im Training. Grundsätzlich müssten Sie auch hier eine Art „Ausschleichen" durchführen, wenn Sie es nicht mehr benutzen wollen. Sonst könnte es Ihnen passieren, dass der Hund jedes Rückrufkommando überläuft, sobald er das Halsband nicht mehr trägt. Ausschleichen bedeutet hier, dass der Hund das Halsband auf vielen Spaziergängen außerhalb des Trainings und im nicht gefährlichen Gebiet trägt, damit es im dortigen Training des Rückrufs zwar vorhanden ist, aber nicht benutzt werden muss, weil das Signal zu gut sitzt. Wenn Sie dem Hund eine Gewöhnungszeit zum Tragen des Halsbands gegeben haben (siehe Schritt 1, Seite 162), kann oft auf langwieriges Ausschleichen verzichtet werden. Das Risiko, dass das Halsband ein eigenständiges Signal wurde, ist dann gering.

*Dichtes Fell kann die Wirkung des Sprühstoßes verpuffen lassen.*

» Die Sprühhalsbänder lösen manchmal leicht zeitverzögert aus. Sie müssen sich mit dem Halsband gut vertraut machen, um zu wissen, wie stark diese Zeitverzögerung bei Ihrem Gerät ist. Diesen Faktor müssen Sie in das Training integrieren. Auch Gegenstände (Bäume) können manchmal verhindern, dass das Gerät zügig auf den Fernauslöser reagiert.

» Bei Hunden, die entweder sehr dichtes Fell haben, vor allen Dingen am Hals und um die Schnauze, oder bei Hunden, die eine ausgeprägte Wamme haben, kann der Luftstoß oder der Wasserstrahl „verpuffen".

# Übungen und Ideen für die Individualisten

Hier werden noch einige Methoden vorgestellt, die beim ein oder anderen Hund gut funktionieren können. Der eine Vierbeiner lässt sich beim Wildanblick lieber stoppen, der Nächste lässt seine Aufmerksamkeit auf andere Dinge wie zum Beispiel Eichhörnchen oder Mauselöcher lenken, ein anderer sucht gern selbst gelegte Fährten, und wiederum ein anderer ist glücklich, wenn er vor igendetwas vorstehen darf.

## Kommandos zum Stoppen: „Stopp", „Sitz" und „Platz"

Einige wenige Hunde werden leichter über ein Kommando zum Anhalten, Hinsetzen oder Hinlegen zu konrollieren sein, als dass sie umdrehen und zurücklaufen. Aus dem Liegen heraus wäre ja auch das Verfolgen einer Beute etwas schwieriger beziehungsweise würde länger dauern, sodass der Mensch eine Chance hätte, andere Maßnahmen zu ergreifen – z.B. zum Hund hinzugehen und ihn anzuleinen. Sie müssen ausprobieren, was bei Ihrem Hund sinnvoller ist. Versuchen Sie annährend gleiche Ablenkungssituationen zum Üben zu finden, aus denen heraus Sie den Hund mal zurückrufen und ein anderes Mal anhalten, sich setzen oder legen lassen. Wenn der Hund in der Steh-, Sitz- oder Platzposition eine starke Anspannung und hohe Erregung zeigt und kaum still halten kann, ist ein Zurückkommen zu Ihnen sicher besser. Wenn er relativ gelassen bleibt und sich höchstens so platziert, dass er das Mauseloch oder Ähnliches gut im Blick hat, können Steh-, Sitz- oder Platzübungen sinnvoll sein. Manchmal kommt es auch auf das Gelände an, welches Kommando besser funktioniert.

Sie sollten sich allerdings für eine der drei Möglichkeiten entscheiden, denn damit machen Sie sich und dem Hund das Training leichter. Nehmen Sie das Kommando, mit dem Ihr Hund in einer gleichwertigen Übungssituation insgesamt am ruhigsten bleibt. Dann üben Sie dieses Kommando nach dem Ablauf, der beim Rückruf Schritt für Schritt beschrieben wurde. Sie arbeiten mit graduell gesteigerten Ablenkungsreizen an verschiedenen Orten und später auch mit variabler Verstärkung des korrekt befolgten Kommandos. Das „Steh" oder „Stopp" ist dabei unserer Erfahrung nach oft erfolgreicher zu platzieren als ein „Sitz" oder „Platz". Dies liegt daran, dass das „Halt" schon mit einer Misserfolgsmeldung „Nach vorn geht es nicht weiter" auftrainiert wird (siehe Seite 88).

## „Down"

Überlegenswert kann es noch sein, beim „Platz" anstatt eines normalen Hinlegens das früher übliche jagdliche „Down" zu trainieren, bei dem der Hund den Kopf komplett am Boden hat. Dazu gehen Sie noch einmal in die Anfänge Ihres Platz-Trainings zurück. Halten Sie ein Leckerli in der Hand und geben Sie Ihr normales Handzeichen für „Platz" aus dem Stand. Sofort, eigentlich noch während sich der Hund hinlegt, gehen Sie in die Hocke und halten das Leckerli nah über dem Boden vor seine Nase. Wenn er jetzt den Kopf leicht vorstreckt und tief legt, um an das Leckerli zu kommen, sagen Sie „Down" (oder was immer Sie als Kommando für diese Position haben möchten), sofort danach folgt Ihr Belohnungssignal und Sie geben ihm das Leckerli.

*Der Hund albert herum und sagt seinem Besitzer damit, dass er eine Trainingspause braucht.*

Dies üben Sie so lange, bis „Down" allein das Auslösesignal für „Kopf auf den Boden" wurde. Übergangsweise legen Sie den Hund zunächst mit Handzeichen in die Platzposition und sagen dann „Down" aus dem Stand – später soll das „Down" allein ausreichen, dass sich der Hund mit dem Kopf auf dem Boden hinlegt. Da dieses Kommando wahrscheinlich überwiegend auf Entfernung gegeben wird, brauchen Sie sich hierfür keine Gedanken um ein Handzeichen zu machen und arbeiten von Anfang an ein sehr deutliches akustisches „Down" als Signal heraus.

Auch beim Training eines der „Stopp"-Kommandos erfolgt ein graduelles Hocharbeiten von der kurzen an die lange Leine und von mäßig spannender bis zu superspannender Ablenkung. Auch hier kann es sehr sinnvoll sein, mit der Reizangel beziehungsweise mit dem Dummy gezielt zu üben, um das Ganze abzusichern.

## Gewöhnung an Wild und Wild als Signal für erwünschtes Verhalten

Auf den vorherigen Seiten wurde beschrieben, wie Sie Kontrollkommandos aufbauen, um unerwünschtes Jagdverhalten abbrechen zu können. Eine speziellere Möglichkeit der Problemlösung könnte sein, den Hund so an Wild zu gewöhnen, dass es keine großartige Signalfunktion mehr für ihn hat, oder zu erreichen, dass das Wild selbst zum Signal wird, welches beim Hund das Zurückkommen zu Ihnen auslöst.

### Gewöhnung

Theoretisch wäre es denkbar, bei Hunden mit bereits etablierten Jagdproblemen genau so eine Gewöhnung für den Anblick beziehungsweise Geruch von Wild durchzuführen, wie es weiter vorn für die jungen Hunde beschrieben wurde. Allerdings ist es bei einem Hund mit gut etabliertem Jagdproblem nur selten möglich. Was man versuchen kann, wäre eine vorsichtige und graduelle Annäherung auf so große Distanz, dass noch kein höherer Erregungslevel ausgelöst wird. Solch ein niedriger Erregungslevel unter Anblick wird dann belohnt, und es werden über Wochen ganz langsam die Distanzen zwischen Hund und Wild verringert. Jedes Mal wird der ruhige, beiläufig reagierende Hund belohnt, bis irgendwann nur noch ein beiläufiger Blick geworfen wird, wenn ein Kaninchen direkt vor der Nase hochkommt. Solches Gewöhnungstraining funktioniert aber unserer Erfahrung nach nur bei sehr wenigen jagdfreudigen Hunden und ist zudem eine extrem langwierige und zeitaufwendige Angelegenheit.

## Wild als Signal für „Kehr um“

Im Gegensatz zur Gewöhnung kann dieses Training durchaus Erfolg versprechend sein, wenn der Hund nicht ein allzu begeisterter und erfolgreicher Jäger ist. Das Trainingsziel ist, dass der Anblick von Wild eine Signalfunktion bekommt, wie ein Kommando von Ihnen: Der Hund sieht Wild und dreht sich zu Ihnen um und kommt zu Ihnen, ohne dass Sie selbst noch etwas rufen müssen.

Eine Möglichkeit, dieses zu erreichen, wäre es, eine Gegenkonditionierung gegen Wildanblick durchzuführen. Der theoretische Ablauf einer Gegenkonditionierung wurde bereits weiter vorn in den Kapiteln zum Lernen und zum Grundgehorsam beschrieben.

Gegenkonditionierung bedeutet, dass der Reiz „Wild“ mit einem anderen Reiz verknüpft (assoziiert) wird, ohne dass am Ende ein belohntes Verhalten steht, wie es z.B. beim Rückruf der Fall wäre. Der Reiz „Wild“ löst beim Hund ein bestimmtes Verhalten aus: Erregungssteigerung und Hinlaufen. Der andere Reiz (z.B. Leckerli) löst auch ein bestimmtes Verhalten aus: Erregungssteigerung auf einem leicht niedrigeren Level als bei Wild und Zurücklaufen zum Besitzer. Der vorhandene Reiz „Wild“ wird auf Dauer mit dem neuen Reiz „Leckerli“ assoziiert und wird so später allein das gewünschte Verhalten „Zurückkommen“ auslösen. Um diese Verknüpfung dann auf Dauer stabil zu halten, muss auch später immer wieder variabel beim Zurückkommen ein Leckerli gegeben werden.

## 1. Schritt: Geübt wird im Wildpark

Am besten übt man die Anfänge der Gegenkonditionierung im Wildpark. Stellen Sie sich mit Ihrem angeleinten Hund vor ein Gatter; er soll durchaus Interesse und Erregung zeigen. Wählen Sie aber die Entfernung zum Gatter so, dass der Hund trotz Erregung noch ein Leckerli frisst, das Sie ihm direkt vor die Schnauze halten. Sie sollen keine starken Bewegungen gegen den Hund machen müssen, um ihm das Leckerli zu geben, und der Hund darf anfangs gern weiter zum Wild starren. Die Leine ist wieder nur ein Sicherheitselement und nicht dazu da, den Hund zu manipulieren.

Wenn Ihr Hund allerdings auch bei sehr großer Entfernung zum Wild noch so erregt ist, dass er gar kein Leckerli nehmen möchte, müssen Sie zunächst eine Desensibilisierung gegen den Anblick von Wild vornehmen. Der grundsätzliche Ablauf einer Desensibilisierung wurde ausführlich ab Seite 131 beschrieben. Unter Umständen ist Ihr Hund auch schon durch den Wildgeruch stark erregt. Hier ist eine Desensibilisierung unabdingbar, denn gegen „Geruch" allein lässt sich eine Gegenkonditionierung nicht vernünftig durchführen. Sie können Ihren Hund nur gegenkonditionieren, wenn Sie den Hauptreiz, auf den der Hund reagiert, selbst gut wahrnehmen können. Nur dann können Sie konkret feststellen, wann genau dieser Reiz bei Ihrem Hund ein anderes Verhalten auslöst.

## 2. Schritt: Leckerli füttern

Zur eigentlichen Gegenkonditionierung stellen Sie sich am besten fast direkt neben den Hund und füttern los: Solange der Hund auf das Wild starrt, werden ihm die Leckerli Stück für Stück vor die Schnauze gehalten. Dies machen Sie so lange, bis der Hund anfängt, den Kopf selbstständig Richtung Leckerli umzuwenden. Unter Unständen passiert dies nicht gleich beim ersten Mal. Deshalb setzen Sie sich von Anfang an ein Zeitlimit. Für zehn Minuten reichen die Leckerli, und dann gehen Sie weg, um zwei bis drei Stunden später oder am nächsten Tag weiterzumachen. Auch hier gilt: Je mehr Wiederholungen, desto schneller tritt der Erfolg ein. Ein Ortswechsel ist nicht nötig, da es sich um eine klassische Konditionierung handelt.

*Nach erfolgreicher Gegenkonditionierung: Der Anblick von Wild löst das Umwenden aus.*

*Der Hund kommt zum Besitzer, denn dort wartet das Leckerli (Assoziation Wild=Leckerli).*

*Beim nächsten Gehege guckt der Hund das Wild kaum mehr an.*

### 3. Schritt: Von Gehege zu Gehege

Wenn der Hund bei Annäherung an das Gatter anfängt, vermehrt auf Ihre Hand als auf das Wild zu achten, vergrößern Sie die Distanz zwischen sich und dem Hund (nehmen später auch die Schleppleine) und gehen jetzt durch den ganzen Park, um kein Gatter und möglichst auch nicht das Freigehege auszulassen. Jetzt kommt Ihre Hand nicht mehr zur Hundeschnauze, sondern diese zu Ihrer Hand mit Leckerli. Bewegen Sie sich mit dem Hund herum, damit das Wild immer in einem anderen Blickwinkel auftaucht. Der Hund sollte das Wild nicht mehr fixieren, sondern beim ersten Anblick sofort zu Ihrer Hand schielen. Dann wissen Sie, dass die Signalverknüpfung Wild <–> Leckerli stattgefunden hat. Und da Sie ja immer weiter von Ihrem Hund entfernt stehen, reicht ein pures Umgucken für ihn nicht mehr aus, sondern er muss zu Ihnen hingehen, um das Leckerli fressen zu können.

### 4. Schritt: In freier Wildbahn weiterüben

Üben Sie Ihre Gegenkonditionierung außerhalb des Wildparks weiter, wo es machbar ist. Nicht jeder hat das Glück in der Nähe des Dülmener Wildparks zu leben, wo man bei Waldspaziergängen zu jeder Jahreszeit mit hoher Wahrscheinlichkeit freies Wild am Rande der Dickungen oder auf Lichtungen finden kann. Hier kommen die Tiere nicht so nah heran wie in den Freigehegen von üblichen Wildparks, sind allerdings auch nicht extrem scheu, sodass man gut üben kann, wenn man auf den Wegen bleibt und den Abstand zum Wild wahrt.

## Denken Sie an die Setzzeiten

Aber Vorsicht auch hier: Zur Setzzeit können die Tiere aggressiv werden. Vielleicht kennen Sie ja den Förster oder Jagdpächter der Gegend, in der Sie öfter spazieren gehen – und hoffentlich hatten Sie beide nicht schon unangenehme Begegnungen aufgrund der Jagdleidenschaft Ihres Hundes. Auch diese Personen kann man fragen, wenn es zum Üben in die freie Natur geht. Sie wissen, wann auf welchen Lichtungen das Wild stehen könnte, und sagen Ihnen auch deutlich, welche Bereiche Sie bitte schön meiden sollten; z.B. während der Setzzeit. Unserer Erfahrung nach sind solche Gespräche immer besser, als auf gut Glück oder heimlich mit dem Hund zum Training in den Wald zu gehen.

## Wenn es nicht klappt

» Hüten Sie sich bei diesen Übungen davor, mit dem Hund zu reden. Weder ein Rückruf noch ein Belohnungssignal darf über Ihre Lippen kommen, denn sonst rutschen Sie aus dem Bereich der klassischen Konditionierung heraus und in die instrumentelle hinein. Hier gibt es aber unendlich viele Fehlerquellen – Sie könnten zum Beispiel ungewollt das Fixieren und die Erregung beim Wildanblick belohnen; und das wollen Sie ja gerade nicht!

*Bei der Gegenkonditionierung wird nicht geredet. Auch Blickkontakt sollte unterbleiben.*

## Wild als Rückrufsignal

» Die andere Möglichkeit, das Wild selbst als Reiz für ein erwünschtes Hundeverhalten aufzubauen, entwickelt sich aus dem Rückruftraining weiter. Wenn Sie Ihren Rückruf sehr gut auftrainiert haben und ihn danach immer genau dann geben (erfolgreich, versteht sich!), wenn Wildanblick vorhanden ist, können diese beiden Reize auf Dauer im Gehirn so fest verknüpft werden, dass schließlich das Rückrufkommando nicht mehr nötig ist, weil der Reiz „Anblick Wild“ seinen Platz eingenommen hat. Allerdings brauchen Sie hierfür eine sehr hohe Wiederholungsrate: ca. 5 000–10 000 Trainingseinheiten nur für diese spezielle Verknüpfung, bis zum Aufbau eines zuverlässigen Auslösereizes.

*Das Damwild „gibt“ hier das Kommando zum Umdrehen.*

Diese hohe Wiederholungsrate wird nötig, weil der Reiz „Wild“ generalisiert werden muss, damit er sicher funktioniert, egal wo Sie sind. Wenn es Ihnen nur darum ginge, dass der Hund beim Anblick von Wild im Wildpark an Ihren Beinen klebt, wäre dies mit sehr viel weniger Wiederholungen machbar. Der Wildpark stellt den Kontext dar, in dem das „Hier“ und das Wild miteinander verschmelzen; außerhalb dieses Kontextes gilt die Verknüpfung „Hier“ <–> Wild dann aber nicht. Da dieser Trainingsansatz unserer Erfahrung nach einfach zu oft an Sachzwängen scheitert (wenig Zeit, keine geeignete Örtlichkeit), soll er auch hier nur der Vollständigkeit erwähnt werden.

## Selbst gelegte Fährten

Fährten zum Üben von Aufmerksamkeit, Rückruf oder „Off“ kann man sich selbst gut legen. Selbst gemachte Fährten haben den Vorteil, dass Sie als Besitzer genau wissen, wo sie anfangen und enden, und so können Sie viel gezielter und konzentrierter trainieren. Zum Fährtenlegen bieten sich zum einen Futterbrocken an; zum anderen gibt es Wildgerüche und Wildschweiß (Blut) aus der Konserve, die man benutzen kann. Was auch immer Sie nehmen: Wichtig ist, dass der Hund sich dafür interessiert. Unserer Erfahrung nach eignet sich bei nichtjagdlich geführten Hunden der gefriergetrocknete Schweiß zum Anrühren oder der Reh- oder Fuchsgeruch aus der Flasche nicht immer. Viele Hunde außerhalb des Jagdbereichs interessieren sich zwar für die Spur eines lebenden Tieres, bei Chemie versiegt jedoch ihr Interesse. Sie müssen also vorher gezielt ausprobieren, was Ihren Hund zum Absuchen des Bodens bewegt. Informationen und Bezugsquellen für solche künstlichen Geruchsstoffe finden Sie im Serviceteil.

### Fährte legen

Legen Sie eine kurze Fährte (eine Schleppe) entlang des Weges, den Sie später mit Ihrem Hund gehen werden; anfangs nicht zu weit abseits vom Weg, damit der

*Für ein fortgeschrittenes Training liegt die Fährte dann immer weiter weg vom Wegrand.*

Hund die Duftspur auch wirklich im Vorbeigehen wahrnehmen kann. Markieren Sie den Anfang und das Ende der Schleppe und merken Sie sich die Anzahl an Futterbrocken oder Duftspritzer und die Abstände dazwischen. Zur Not können Sie jeden Brocken/Spritzer markieren. Wir haben hier für die Fotos kleine Papierfähnchen genommen, damit es für den Leser besser zu sehen ist. Für Ihr Training sollten Sie unauffälligere Markierungen nehmen, damit diese für den Hund nicht zu einem eigenständigen Signal werden. Nun haben Sie eine genau definierte Spur, die Ihr Hund „zufällig" finden kann, und Sie können daran Ihre Kommandos üben, wie oben schon in den einzelnen Kapiteln besprochen. Gerade gelegte Fährten eignen sich gut für das Ausschleichen aus der Schleppleine, denn das Risiko für unvorhergesehene Ereignisse ist geringer, als wenn Sie einfach so in den Wald gehen und sich überraschen lassen, was da an interessanten Dingen auf Ihren Hund wartet.

### Fährte legen durch Hilfspersonen

Im Verlauf solcher Übungen wird es wichtig werden, dass Ihnen Hilfspersonen die Spur legen, die nicht unbedingt zum Kreis der engsten Bekannten Ihres Hundes gehören. Und ebenso wichtig ist es, dass Sie den Ort für solche Übungen sowie das „Fährtenmaterial" regelmäßig wechseln. Sie können den Beginn der Fährte und die Fährte selbst im Trainingsverlauf weiter entfernt vom Weg legen und so schon mit einem Kommando reagieren, wenn der Hund den Weg verlässt.

## Das unerwünschte Verhalten auf Signal setzen

So merkwürdig es klingen mag ... das spezielle Training für einzelne Elemente des Jagdverhaltens kann manchmal helfen, ein Jagdproblem zu kontrollieren. Es gibt individuelle Hunde, die mit weniger Chance eigenständig eine Fährte abarbeiten, wenn sie zuvor sorgfältig in der

*Das „Off" ertönt, wenn der Hund im Ansatz beginnt, die Spur aufzunehmen.*

*Wenn die Hundenase schon tief in der Spur ist, ist es für ein erfolgreiches „Off-Training" zu spät.*

jagdlichen Fährtenarbeit trainiert wurden. Obwohl bestimmte weitere zur Suche gehörende Signale vorhanden waren, nehmen sie die Nase dann trotz Fährte nicht auf den Boden, solange das konkret auslösende Signal (z.B. „Such") noch nicht gegeben wurde. Weitere Signale können das Geschirr sein oder eine spezielle Leine – und natürlich Sie selbst als Hundeführer.

## Vor- und Nachteile

Dieser Ansatz (gezieltes Trainieren des Fährtens) wird bei einer geringeren Anzahl von Hunden funktionieren, beinhaltet aber immer die Gefahr, dass bestimmte Hunde nach dem Fährtentraining erst recht mit dem selbstständigen Abarbeiten von Fährten beginnen können. Insofern sollten Sie sich vor einem derartigen Training von einer Fachfrau oder einem Fachmann beraten lassen, ob dieser Ansatz für Ihren Hund günstig ist.

### Die Don'ts des Fährtelegens

Zwei Sachen sollten Sie beim Üben nie machen:
1. Legen Sie keine Fährte mit den Leckerli, mit denen der Hund belohnt wird, und auch nicht mit dem Futter, das er normalerweise frisst.
2. Setzen Sie den Hund nicht gezielt auf die Fährte an, wenn es Ihnen nur um die Kontroll- und Unterbrechersignale geht. Wenn der Hund Ihre mühsam gelegte Spur überläuft, dann müssen Sie sie beim nächsten Mal anders legen oder den Weg noch einmal aus einer anderen Richtung entlang kommen. Denken Sie beim Legen an die Windrichtung. Bekommt er die Spur in die Nase?

## Vorstehen fördern

Eine andere Möglichkeit wäre es, das Vorstehen gezielt zu fördern. Solange der Hund vorsteht, hetzt er nicht, und Sie haben sich Zeit für weitere Maßnahmen gekauft. Aber auch hier liegt ein gewisses Gefahrenpotenzial (der Hund könnte z.B. nach dem Vorstehen durch Ihr Belohnungssignal animiert werden, dem Wild hinterherzugehen), sodass diese beiden Trainingsansätze eher etwas für jagdlich geführte Hunde sind, die dafür aber auch fachmännisch ausgebildet werden müssen. Einweisungen in beide Trainingsansätze, für das Vorstehen und die Fährtenarbeit, würden den Rahmen dieses Buches sprengen (siehe Seite 188).

*Die Fährte wird durch sorgfältiges Treten gelegt. In jeden dritten bis später 20. Tritt kommt ein Leckerli. Der Hund wird mit „Such" angesetzt. Für jedes gefundene Leckerli beim Abarbeiten kommt das Belohnungssignal.*

## Auf Eichhörnchen lenken

Eine interessante Lösung hatte eine gute Bekannte von uns gefunden. Sie erlaubte dem Hund das Verfolgen von Eichhörnchen im Wohngebiet und Park, stachelte den Hund im Training an der Leine/Schleppleine sogar an, den Eichhörnchen hinterherzurennen, und belohnte ihn variabel dafür. Die Eichhörnchen im Gebiet kannten Hunde und das Terrain. Sie wussten immer, wie schnell die Hunde waren und wo der nächste Baum stand, von dem aus sie dem Hund dann eine lange Nase zeigten. So wurde der Kampfschrei „Eichhörnchen" für den Hund zu einem Signal, auf das hin er sich sofort nach dem nächsten Baum umsah, wohl in der Hoffnung, das Eichhörnchen unten am Stamm noch abfangen zu können. Auf „Eichhörnchen" hin ließ der Hund alles stehen und liegen, sei es sein Futter oder ein weglaufendes Kaninchen, rannte zum Baum und stellte sich bellend darunter, selbst wenn kein Eichhörnchen vorhanden war. Unsere Bekannte konnte ihn dann langsamen Schrittes gemächlich vom Baum abholen, und das Problem war gelöst.

*Das Eichhörnchen muss bei dieser Übung eine 100 % Chance zur erfolgreichen Flucht haben.*

## Superkommando für den Notfall

Manche Besitzer neigen dazu, den Rückruf entweder überzustrapazieren oder das Training nach anfänglichen Erfolgen wieder zu vernachlässigen. Dadurch wird er auf Dauer wieder weniger verlässlich; zumindest besteht so die Gefahr, dass der Rückruf in einer Notfallsituation (ein Stück Wild geht knapp vor dem Hund aus der Dickung hoch etc.) dann nicht zufriedenstellend funktionieren wird. Andere Besitzer haben vielleicht aus bestimmten Sachzwängen heraus nicht die Möglichkeit, den Rückruf so intensiv zu trainieren, dass er auch die absoluten Notfälle „aushält".

Hier kann ein „Superkommando" nützlich sein, das kein eigentliches Rückrufkommando ist, aber trotzdem dazu führt, dass der Hund zügig zu Ihnen kommt. Beim Auftrainieren eines Superkommandos arbeiten Sie im Bereich der klassischen Konditionierung und müssen sich um Generalisierung und „Kontextfallen" weniger Gedanken machen.

## Superkommando „Ball"

Wenn Sie einen sehr ballverrückten Hund haben, haben Sie im Grunde schon ein Superkommando: Es heißt „Ball". „Ball" löst bei Ihrem Hund eine sofortige Orientierung Richtung Ball aus und damit weg vom Wild. Da sich der Ball in Ihrer Nähe befindet, muss sich der Hund zwangsläufig in Ihre Richtung bewegen, um den Ball zu bekommen. Der Hund wird mit dem Ball aber nicht für das Kommen belohnt: Dass er den Ball in mindestens 75 % aller Fälle erhält, folgt der gleichen logischen Konsequenz, mit der er bei 75 % aller akustischen Belohnungssignale ein Leckerli bekommen soll. Die starke Verknüpfung zwischen „Ball" und Ball und Belohnungssignal und Leckerli soll nicht schwächer werden. Sie haben richtig gelesen – wenn es einmal gut auftrainiert wurde, müssen Sie nicht bei jedem Belohnungssignal ein Leckerli folgen lassen (gut für die Momente, wo man es vielleicht einmal vergessen hat!). Aber mindestens in 75 % aller Fälle, in denen diese sekundären Verstärker benutzt werden, muss der primäre Verstärker folgen, denn sonst schwächt sich die enge Assoziation wieder ab und Ihr sekundärer Verstärker wird auf Dauer nutzlos. Wenn Sie sich aber unsicher über die Menge an Leckerli sind, die Ihr Hund schon während einer Trainingssequenz bekommen hat, geben Sie lieber öfter eines als zu selten.

*Je spielfreudiger und ballversessener der Hund, desto besser sind die Trainingsmöglichkeiten.*

## Leckerli-Regen

Ein Superkommando können Sie ansonsten gut mit Leckerli auftrainieren. Überlegen Sie sich ein Signal, welches Ihnen einerseits gut von den Lippen kommt, andererseits aber auch nicht zu Ihrem normalen Wortschatz im Alltag gehört. Es sollte den Hund im Alltag nicht umwabern, denn sonst wird es nie den Status eines wirklichen Superkommandos erreichen können. Beginnen Sie das Training in einer ablenkungsarmen Umgebung – nur Sie und der Hund. Jetzt werfen Sie einfach ein Leckerli nach dem anderen vor sich auf den Boden, sodass es der Hund auch wirklich mitbekommt. Die Leckerli sollten in einem Radius von höchstens einem Meter um Sie herum auftreffen. Jedes geworfene Leckerli wird mit dem Superkommando begleitet. Wir nehmen hier einmal „Huch". Der Hund soll an diesen Leckerli wirklich Interesse haben und alle vom Boden fressen. Nach dem zehnten oder fünfzehnten Leckerli + „Huch" probieren Sie aus, ob der Hund auf das „Huch" allein sofort innerhalb des Radius mit dem Kopf gen Boden geht und nach dem Leckerli Ausschau hält. Wenn er dies tut, ist die Assoziation etabliert: „Huch" bedeutet Leckerli am Boden in der Nähe der Füße meines Menschen. Natürlich müssen Sie jetzt das Leckerli kommentarlos nachliefern; nicht aus der Hand – es wird immer auf den Boden fallen gelassen. Wie bei der Gegenkonditionierung schon gesagt, müssen Sie sich auch hier hüten, zu viel zu reden. Nur das „Huch" kommt Ihnen über die Lippen. Auf gar keinen Fall ein Belohnungssignal oder Ähnliches, wenn der Hund zu Ihnen kommt, um das Leckerli zu fressen, oder wenn er es gefunden hat. Wenn das „Huch" auf größere Entfernungen sicher auslöst, dass Ihr Hund zu Ihnen läuft und die Nase gegen den Boden drückt, erhöhen Sie die Schwierigkeitsgrade.

Jetzt wird an Orten trainiert, wo Ablenkungen auf den Hund lauern bis hin zu seinen besten Hundekumpeln. Dazu arbeiten Sie jetzt auf unterschiedlichen Untergründen, in denen das Leckerli nicht mehr so klar zu sehen ist. Der Hund muss vielleicht kurz danach suchen. Das würde Ihnen im Ernstfall z.B. die Möglichkeit geben, ihn problemlos anzuleinen.

## Mäusejagd

Wenn der Hund weder ballverrückt ist noch an Leckerli großartig interessiert, müssen Sie nach Alternativen suchen. Dann ist das Training natürlich umständlicher und langwieriger, aber machbar ist es trotzdem. Bei einem Hund, der gern in Mäuselöchern stöbert, kann man z.B. Mäuselöcher nutzen. Suchen Sie sich ein Feld, auf dem viele Löcher sind. Gehen Sie anfangs mit einer Hilfsperson zusammen, die den Hund zunächst an der Leine führt, damit Sie sich während des Spazierganges leicht ins Feld schlagen können. Jetzt hocken Sie sich mit einem lauten „Huch“ schlagartig vor ein Mäuseloch und buddeln leicht mit der Hand daran herum. Allein durch das laute „Huch“ wird zunächst das Interesse Ihres Hundes geweckt, und er wird mit sehr großer Wahrscheinlichkeit zu Ihnen laufen, um zu sehen, was da los ist. Die Hilfsperson muss dafür natürlich schnell die Leine fallen lassen. Jetzt darf der Hund selbst die Nase in das Loch stecken und etwas buddeln; während er die Nase hineinsteckt, kommt noch einmal Ihr „Huch“. Diese Übungen wiederholen Sie so lange, bis der Hund bei jedem „Huch“ zu Ihnen läuft und am Boden nach dem Loch sucht. In den meisten Fällen sollte er auch eines finden! Entweder gehen Sie an Orten spazieren, wo es wirklich viele Löcher gibt, oder Sie gehen auf lockerem Untergrund, und nach jedem „Huch“ graben Sie schnell mit der Hand ein Miniloch, in das Sie ein Leckerli für den Hund legen, damit ein geruchlicher Anreiz zum Buddeln da ist. Dieses Leckerli findet er dann, nachdem er zu Ihnen gekommen ist. Das Loch muss dabei nicht tief sein.

*Der Hund lernt: Ertönt das Superkommando, liegt ein Leckerli vor den Füßen des Menschen.*

# Zusammenfassung: Die richtige Vorgehensweise

Hier wird noch einmal kurz aufgeführt, welche Methoden sich für welchen Hund eignen. Jagt er auf Sicht oder stöbert er? Springt er auf frische Spuren an oder gehört er zu den ganz passionierten Jägern? Davon hängt auch ab, wie Sie vorgehen sollten und welche Trainingsmethode für Sie infrage kommt und welche eher nicht. Ganz abstellen lässt sich die Jagdpassion leider nicht.

Im Kapitel zum speziellen Training wurden alle Möglichkeiten aufgeführt, die wir nutzen würden, um ein Jagdproblem zu lösen. Im konkreten Fall, wenn wir einen individuellen Hund mit seinen Problemen vor uns haben, würden wir uns für einige der genannten Möglichkeiten entscheiden. Das bedeutet nicht, dass es für dieses Jagdproblem nicht auch einen anderen Weg geben könnte – wir nehmen den, der uns aufgrund unserer Erfahrung am Erfolg versprechendsten erscheint. Unabhängig davon, wie sich das Jagdproblem eines Hundes äußert, ist es immer notwendig, dass Ihr Hund einige Grundkommandos ohne Wildablenkung sicher beherrscht. Dazu gehören die Aufmerksamkeit und der Rückruf. Beides sollte so gut trainiert sein, dass Ihr Hund auf einmaliges Kommando bei alltäglicher Ablenkung zügig reagiert. Außerdem muss er gelernt haben, nicht an der Leine zu ziehen.

Im Folgenden stellen wir jetzt unsere generellen Ansätze bei bestimmten Problemen mit dem Jagdverhalten eines Hundes vor.

## Ihr Hund jagt auf Sicht

Das Trainieren eines Unterbrechungswortes bietet sich für das Jagen auf Sicht an. Besonders wenn Sie als Steigerung der Ablenkung die Dummyarbeit einbeziehen. Hierbei können Sie in geplanten

*Genau dies könnte ein geeigneter Moment für das Superkommando sein.*

Trainingssituationen besonders intensiv üben, Ihren Hund während des Laufens und Verfolgens auszubremsen. In Natura bietet sich diese Gelegenheit, besonders bei Rehen, einfach nicht oft genug an.

Die Gegenkonditionierung kann zusätzlich eine gute Möglichkeit für den auf Sicht jagenden Hund darstellen, da die Trainingssituationen eindeutig sind. Sie beginnen Ihre Übung in dem Moment, in dem Ihr Hund das Wild wahrnimmt. Das Ende einer Übungseinheit ist der Moment, in dem das Wild aus der Sicht des Hundes verschwunden ist. Bei Hunden, die im Wald generell schnell erregt sind, ist Anfang und Ende der Übungseinheit schwerer auszumachen, daher wäre in diesem Fall die Gegenkonditionierung nicht günstig beziehungsweise Sie müssten zunächst ein Desensibilisierungstraining durchführen.
Das Superkommando ist nützlich für den möglichen Ernstfall, besonders wenn Sie in einer Gegend spazieren gehen, in der Sie nicht sehr häufig Wild treffen. Beachten Sie, dass Ihr Hund beim unachtsamen und zu häufigen Gebrauch des Superkommandos schnell eine Fehlverknüpfung zwischen Wild und Superkommando aufbauen kann. Fährtentraining können wir bei einem Hund, der nur auf Sicht jagt und das Wild oder seine Spur verliert, sobald es außer Sicht ist, nicht empfehlen. In diesem Fall wäre es möglich, dass der Hund, der bislang immer zurückkam, sobald das Wild aus seinem Gesichtsfeld entschwunden war, anfängt, die Fährte aufzunehmen und zu verfolgen. In diesem Fall hätte sich Ihr Problem dann eher noch verschärft.

### Denken Sie an das Wild

Aus Tierschutzgründen ist es auch nicht empfehlenswert, dass Sie kreuz und quer mit Ihrem, wenn auch angeleinten, Hund durch den Wald stapfen, nur um eine geeignete Übungssituation zu schaffen. Die Wildtiere haben auch ein Recht auf Ruhe.

*Wenn der Hund die Nase in den Wind hält und interessiert in Richtung Wald schnuppert …*

*wird es Zeit für einen Rückruf. Wer so schön kommt, hat Lob und Leckerli verdient.*

## Ihr Hund stöbert

Eine Möglichkeit wäre, dass Sie den Hund stöbern lassen und nur auf einen kleinen Radius achten (siehe Radiustraining Seite 44).
Eine weitere Möglichkeit wäre, mit einem Unterbrechungswort zu arbeiten. Diese Möglichkeit empfehlen wir Besitzern, die anhand des Ausdrucksverhaltens gut erkennen, ob ihr Hund stöbert oder ob er „nur“ schnüffelt. Beginnt der Hund zu stöbern, sollten Sie dieses mit einem Unterbrechungswort unterbinden. Das Unterbrechungswort können Sie gezielt auch mit selbst gelegten Fährten (siehe Seite 174) trainieren.
Bei beiden Möglichkeiten ist es wichtig, dass Sie darauf vorbereitet sind, dass Ihr Hund etwas aufstöbern könnte. Die meisten Hunde würden dann auch hetzen. Hierfür empfehlen wir das Training des Superkommandos und Dummyarbeit, genau wie oben bei dem Jagen auf Sicht genannt. Das Superkommando kann bei Hunden, die nicht stark an Leckerli oder Spielzeug interessiert sind, auch als Signal für das Jagen von Mäusen oder Eichhörnchen eingesetzt werden (siehe Seite 167 Fantasievolle Lösungen). Ein Hund, der zum nächsten Baum oder Mäuseloch stürzt, ist sicherlich leichter zu kontrollieren als einer, der hinter aufgestöbertem Wild hergeht.
Sollte Ihr Hund nach dem Aufstöbern nicht hetzen, sondern kurz oder auch länger verharren, empfehlen wir ein

Vorstehen zu fördern (ab Seite 167 Fantasievolle Lösungen).
Ist Ihr Hund, sobald er im Wald oder in wildreicher Gegend ist, stark erregt und dadurch generell schlecht ansprechbar? Bei diesen Hunden kann ein Densibilisierungstraining sehr hilfreich sein.

## Frische Spuren

Ihr Hund läuft beim Spaziergang im Wald normalerweise ruhig in Ihrem engeren Umkreis. Es kann passieren, dass er plötzlich Witterung aufnimmt und schnell in den Wald läuft, um frische Spuren zu verfolgen:
Hier wäre das Aufmerksamkeits- beziehungsweise Rückruftraining und das Training des Unterbrechungswortes sehr wichtig. Beides kann wieder sehr gut an selbst gelegten Fährten geübt werden. Auch ein Gewöhnungstraining, erst an kurzer und dann an der Schleppleine (siehe Seite 131) geübt, ist empfehlenswert.
Das Superkommando kann als Signal für Eichhörnchen oder Mäuse trainiert werden. Sie sollten das Superkommando dann schon verwenden, wenn Ihr Hund eine frische Spur verfolgen will, nicht erst, wenn das Wild in Sicht ist.
Für den Fall, dass Ihr Hund doch noch anfangen sollte zu hetzen, gilt der Inhalt der beiden vorgenannten Abschnitte.

*Bevor man mit zwei Hunden in den Wald geht, muss mit jedem einzeln trainiert worden sein.*

## Für passionierte Jäger

Wenn Ihr Hund jagt, dann bis zum bitteren Ende, er würde auch reißen:
In dem Fall dürfen Sie kein Risiko eingehen. Trainieren Sie intensiv. Erst wenn Sie sich absolut sicher sind, dass Ihr Hund wirklich nicht mehr hinterhergeht beziehungsweise extrem gut auf den Rückruf hört, dürfen Sie ihn von der Leine lassen. Ihren ersten Versuch ohne Leine sollten Sie trotz allem dort durchführen, wo sich im Notfall die Tiere in Sicherheit bringen können, zum Beispiel in einem Gelände, in dem es nur Kaninchen gibt. Schlägt Ihr Versuch fehl, bleibt Ihr Hund für weiteres Training wieder an der Leine.

## Und nun jagt er nie mehr?

Dies ist die Frage, die Sie sich stellen, nachdem Sie intensiv und konsequent alle Trainingsansätze dieses Buches durchgearbeitet haben.
„Jagt mein Hund jetzt nie mehr?“ Schön wär's, wenn man diese Frage mit Ja beantworten könnte, doch die Antwort auf das „nie“ wird leider ein Nein sein. Es wurde ja schon weiter vorn angesprochen: Die Möglichkeit der kompletten Löschung solch eines selbst belohnenden Verhaltens ist in den Genen des Hundes nicht programmiert.

## Bleiben Sie am Ball

Wenn Sie die Maßnahmen in diesem Buch intensiv und erfolgreich durchgearbeitet haben, werden Sie für eine bestimmte Zeit an bestimmten Orten keine Probleme mit dem Jagdverhalten Ihres Hundes haben. Wie lang diese Phase anhält, hängt davon ab, wie intensiv Sie zuvor trainiert haben und wie regelmäßig Sie jetzt beim Erreichten am (Trainings-)Ball bleiben, um die Kommando-Assoziationen wach und lebendig im Kopf Ihres Hundes zu halten. Die eine oder andere Managementmaßnahme weiter durchzuführen oder zumindest hin und wieder zu beachten, hilft Ihnen dabei sicherlich auch.

## Lassen Sie sich nicht den Spaß nehmen

Wir hoffen, Ihnen mit diesem Buch verständlich gemacht zu haben, dass es keine „Heilung auf Knopfdruck“ gegen unerwünschtes Jagdverhalten gibt. Trotzdem haben Sie als Besitzer viele Möglichkeiten, das Problem überschaubar in den Griff zu bekommen, wenn Sie bereit sind, über eine längere Zeit viel zu trainieren. Sehen Sie das Ganze so: Training mit Hunden soll nicht nur Spaß machen – es macht auch Spaß. Wenn Sie keinen Spaß an der Beschäftigung mit Ihrem Hund hätten, hätten Sie sich vermutlich auch keinen angeschafft. Beschäftigen Sie sich also jetzt beim Training mit ihm und lernen Sie gemeinsam neue Dinge.

***Danke schön!***

Wir bedanken uns bei allen Hundehalterinnen und Hundehaltern, die bereit waren, sich mit ihren Hunden fotografieren zu lassen, und besonders natürlich bei den Hunden: Änni, Babou, Chico, Dusty, Edda, Fiete, Fussel, Hummel, Lemmy, Lotta, Lulu, Rudi, Shera Tinka und Victor.

# Service

## Zum Weiterlesen


Abrantes, Roger: **Hundeverhalten von A-Z**. Mimik. Kosmos 2005.

Bloch, Günther: **Der Wolf im Hundepelz**. Hundeerziehung aus unterschiedlichen Perspektiven. Kosmos 2004.

Bloch, Günther: **Die Pizza-Hunde**. Freilandstudien an verwilderten Haushunden, Verhaltensvergleich mit Wölfen. Kosmos 2007.

Borngräber, Hans-Joachim: **Die Schweißarbeit**. Lehrbuch für alle Gebrauchshundrassen. Kosmos 2004.

Feddersen-Petersen, Dr. Dorit: **Hundepsychologie**. Sozialverhalten und Wesen, Emotionen und Individualität. Kosmos 2004.

Fichtlmeier, Anton: **Der Hund an der Leine**. Kommunikationshilfe und Signalübermittlung. Kosmos 2007.

Gansloßer, Dr. Udo: **Verhaltensbiologie für Hundehalter**. Kosmos 2007.

Hoefs, Nicole und Petra Führmann: **Das Kosmos-Erziehungsprogramm für Hunde**. Kosmos 2006.

Krämer, Eva-Maria: **250 Hunderassen**. Kosmos 2007.

Krämer, Eva-Maria: **Der neue Kosmos-Hundeführer**. Kosmos 2002.

Lübbe, Perdita und Ulrike Thurau: **Das Kosmos Buch vom Apportieren**. Kosmos 2007.

Räber, Hans: **Enzyklopädie der Jagdhunde**. Kosmos 2007.

Schneider, Dorothee & Armin Hölzle: **Fährtentraining für Hunde**. Kosmos 2005.

Schöning, Barbara: **Hundeprobleme erkennen und lösen**. Kosmos 2005.

Schöning, Dr. Barbara, Nadja Steffen und Kerstin Röhrs: **Hundesprache – für unterwegs**. Kosmos 2006.

Schöning, Dr. Barbara, Nadja Steffen und Kerstin Röhrs: **Hundesprache**. Kosmos 2004.

Schöning, Dr. Barbara: **Hundeverhalten**. Kosmos 2001.

## Nützliche Adressen

**Hundeschule Struppi & Co**
Segeberger Chaussee 154
22851 Norderstedt
Tel.: 040 - 6084 9791
Fax: 040 - 4677 5418
E-Mail: struppi-co@t-online.de
Internet: www.struppi-co.de

**Verband für das Deutsche Hundewesen (VDH)**
Westfalendamm 174
44141 Dortmund
Tel.: 0231 5 65 00-0
Fax: 0231 59 24 40
Internet: www.vdh.de

**Jagdgebrauchshundverband e.V. (JGHV)**
Neue Siedlung 6
15938 Drahnsdorf
Tel.: 035453 / 215
Fax: 035453 / 262
Internet: www.jghv.de

**Deutscher Jagdschutz-Verband e. V. (DJV)**
Vereinigung der deutschen Landesjagdverbände
Johannes-Henry-Str. 26
53113 Bonn
Tel.: 0228 / 94 90 62 0
Fax: 0228 / 94 90 62 5
Internet: www.jagd-online.de

**Gesellschaft für Tierverhaltenstherapie e.V. (GTVT)**
Am Kellerberg 18 a
84175 Gerzen
Tel.: 08744/1750
Fax: 08744/8493
Internet: www.gtvt.de

**Berufsverband der Hundeerzieher/Innen und Verhaltensberater/Innen e.V. (BHV)**
Eppsteiner Str. 75
65719 Hofheim
Tel.: 06192-9581136
Fax: 06192-9581138
Internet: www.bhv-net.de

## Bezugsadressen

Künstlichen Fährtenschweiß können Sie beispielsweise bei Frankonia beziehen.
www.frankonia.de

## Register

## Bildnachweis und Impressum

136 Farbfotos wurden von Vivien Venzke/Kosmos extra für dieses Buch aufgenommen. Weitere Farbfotos von Thomas Höller (1; S. 23), Juniors Tierbild (3; S. 7, 18, 178), Karin van Klaveren/Kosmos (14; S. 4, 20, 50 beide, 51 beide, 79, 88, 89, 90, 99, 100, 101, 102), Ulrike Schanz (1; S. 21), Horst Streitferdt/Kosmos (7; S. 16, 19, 22 l., 76, 77, 109, 110) Sabine Stuewer/Kosmos (14; S. 29, 40, 45, 46 beide, 47, 92, 122 alle 3, 123 alle 3, 179), Karl-Heinz Widmann/Kosmos (3; S. 22 r., 59 beide).

Die Zeichnungen wurden von Heinz Grundel (S. 5, 50, 71, 103, 187), Victoria Herms (S. 54, 55, 56, 57, 64, 65) und Angelika Schmohl (S. 4, 70 sowie alle Vignetten in den Kästen) angefertigt.

Umschlaggestaltung von eStudio Calamar unter Verwendung eines Farbfotos von Juniors Tierbild und einer Aufnahme von Vivien Venzke/Kosmos (U4).

Mit 179 Farbfotos und 11 Zeichnungen.

### Bibliographische Information der Deutschen Nationalbibliothek

Die Deutsche Nationalbibliothek verzeichnet diese Publikation in der Deutschen Nationalbibliografie; detaillierte bibliografische Daten sind im Internet über http://dnb.ddb.de abrufbar.

Gedruckt auf chlorfrei gebleichtem Papier


ISBN 978-3-440-10829-1
Redaktion: Alice Rieger
Gestaltungskonzept: eStudio Calamar
Produktion: Eva Schmidt
Printed in The Czech Republic/
Imprimé en République Tchèque

Alle Angaben in diesem Buch erfolgen nach bestem Wissen und Gewissen. Sorgfalt bei der Umsetzung ist indes dennoch geboten. Autorinnen und Verlag übernehmen keinerlei Haftung für Personen-, Sach- und Vermögensschäden, die aus der Anwendung der vorgestellten Materialien und Methoden entstehen können.

# Die einzelnen Bände des Münchener Kommentars zum HGB

and 1: Erstes Buch. Handelsstand
§§ 1–104a

Band 2: Zweites Buch. Handelsgesellschaften und stille Gesellschaft
Erster Abschnitt. Offene Handelsgesellschaft
§§ 105–160

Band 3: Zweites Buch. Handelsgesellschaften und stille Gesellschaft
Zweiter Abschnitt. Kommanditgesellschaft
Dritter Abschnitt. Stille Gesellschaft
§§ 161–237 Konzernrecht der Personengesellschaften

Band 4: Drittes Buch. Handelsbücher
§§ 238–342e

Band 5: Viertes Buch. Handelsgeschäfte
§§ 343–406, CISG

Band 6: Bankvertragsrecht Recht des Zahlungsverkehrs, Kapitalmarkt- und Wertpapiergeschäft, Ottawa-Übereinkommen über Internationales Factoring

Band 7: Transportrecht
§§ 407–619

# Münchener Kommentar zum Handelsgesetzbuch

herausgegeben von

**Dr. Ingo Drescher**

Vorsitzender Richter am Bundesgerichtshof, Karlsruhe
Honorarprofessor an der Universität Tübingen

**Dr. Dr. h.c. Holger Fleischer LL.M. (Univ. of Michigan), Dipl.-**

Direktor des Max-Planck-Instituts für ausländisches und internationales Privatrecht, Hamb
Affiliate Professor der Bucerius Law School, Hamburg

**Dr. Dr. h.c. mult. Karsten Schmidt**

o. Professor em. an der Universität Bonn
Professor der Bucerius Law School, Hamburg

## Band 1
## §§ 1–104a